漫娱图书
SINCE BOOKS

古 代 偶 像 101 书 系

慕容冲

王羲之：东晋 三〇三年——三六一年

卫玠：西晋 二八六年——三一二年

王衍：西晋 二五六年——三一一年

潘安：西晋 二四七年——三〇〇年

阮籍

高长恭：南北朝北齐 五四一年——五七三年

韩子高：南北朝陈朝 五三八年——五六七年

独孤信：南北朝西魏、北周 五〇二年——五五七年

嵇康

魏晋美男年表

裴楷：西晋 二三七年——二九一年

嵇康：三国魏国 二二四年——二六三年

阮籍：三国魏国 二一〇年——二六三年

何晏：三国魏国 ？——二四九年

谢混：东晋 三七九年——四一二年

慕容冲：十六国西燕 三五九年——三八六年

王献之：东晋 三四四年——三八六年

古代偶像101

有态度、有料的历史趣味故事

文 / 萧牧之

序言

走近「颜控」时代

“颜控”当然不是哪个朝代的专利。

自先秦以来，各种有关“颜控”的故事，史不绝书。到了汉朝，西汉公孙弘“状貌甚丽，拜为博士”，戳中汉武帝的萌点，从此踏上仕途，一路做到丞相；东汉陆闳“美姿貌，喜着越布单衣”，又戳中汉光武帝的萌点，从此越布定为皇家贡品，成功拉动了地方品牌效应。往后历朝历代，从皇帝到普通人，不遗余力追求才貌德性兼美的，从来也不乏其人。

既然如此，为何唯独六朝（尤其魏晋），才在大众认知里，成为以“颜控”著称的时代，也难免令人琢磨。

个人浅见，这个时期“颜控”的特殊性，大概有如下几点。

第一，对颜值的执着，表现得更加热烈与坦率。

在先秦两汉大部分时间里，觉得一个人好看，可能最多不过赞扬他或她的容貌。但到了魏晋时期，仅仅赞扬，是远远不够的。

譬如曹魏名士荀粲，拥有一个有仪容、有修养、被曹植评价为“如冰之清，如玉之洁”的父亲，大约自己长得好，也想找个好看的相配，公开放言“女人除了容貌还有什么可取”，最终成功和非常漂亮的太太结婚，并钟情到太太去世，他也少年哀恸而亡。

譬如两晋名士潘岳、夏侯湛，年少时同车上街，招来无数路人围观，号称联璧；潘岳本人也曾经被市中妇女牵手围观、投赠，留下了“掷果盈车”的典故。

无论男性还是女性，都毫不介意直截了当地表达自己对美貌者的喜爱之情，甚至发生过妻子跟丈夫打趣，说自己当初如果跟小叔子结婚，生下来的孩子会比现在的亲儿子更好，丈夫也不以为忤的大尺度个案。

第二，在风度和皮相之间，选择风度。

譬如有个叫庾敳的人，主要活动在西晋时期。他身高不足七尺（约1.68米），而腰围非常惊人，看起来大约是个方的，并不符合任何一种长相“美”的标准。

当时的人也觉得他容止可观，因为这个人任性自然，风度独特，给人深刻的印象。

风度不好，即便长得美，也会有人表示不以为然，觉得浪费资源。至于怎么定义风度，那是由发表评论者学派和审美的差异来决定的。

第三，评论风度和皮相的标准，因为以上两点，也更加表现得多种多样。

“谦谦君子，温润如玉”，或者雍容矜重、容貌瑰伟，这样的儒家审美，并不因本时期玄学崛起而被完全取代。

武将的魁梧英迈、豪爽劲健，也被认为是一种很值得鉴赏的美。乃至通常被认为阴柔而不适宜出现在男性身上的一些特质，大家也认为是美的。

太史公认同陈平是“美丈夫”，但见到张良“状貌如妇人好女”，就觉得有点毁三观。但放到魏晋时期，人们会认为两种都是美，而且阴柔的美很新鲜，特别有话题。

待大众审美转回儒家的轨道，就对最后这一类特别不能理解，乃至以偏概全。不过，论对美的开拓，这无疑也有探索之功。

第四，有一些很明显人品或者性格有点问题的人，当时人也能特别真诚地赞扬他们的颜值。

当然，只赞美他们的颜值。这应该是开发出了“纯看脸”技能。

综上所言，整个魏晋时期，可以说花团锦簇，百帅丛生。但凡有人想要做个简单、浅显些的介绍，就常常只能谈及冰山一角，难免挂一漏万。

这些故事作为个案，在其他朝代或许也曾分别发生过；但首次如此集中地大量出现，确实是在魏晋时期。

作为文化现象，它当然是不寻常的，和魏晋时期思想、文化的新风也有密切联系。

两汉儒生在战国形成的“大一统”理念框架下，穷究天人之际，陈说天人感应的同时，将阴阳五行学说也纳入经学框架，重新诠释了《周易》《尚书》与《春秋》等经典，成功建立起复杂的全新宇宙图式，进而又形成维护大一统的国家宗教。但东汉后期的乱政和紧随而来的乱世，实际上动摇了人们对汉代经学的信仰。

天行有常，不为尧存，不为桀亡。

人在天地之间，原本也有着独特的价值。当人们决心不再盲从“天”的时候，他们也就重新发现了人本身。

他们关注人的精神，也关注人的肉体，关注养生，也关注情感和情绪，只要和人相关的一切，都会被认为是最珍贵和美好的。

最极端的案例，譬如西晋有土豪拿人奶喂小猪——他们就真诚地认为，这样才能得到最高级的食材，却考虑不到猪对人奶的吸收效率。拿人奶喂的小猪待客，在当时人眼里，属于“汰侈”，也就是铺张浪费，而不是不科学。

对人类躯体之美的赞赏，在这样的风气中并不孤立。他们认为，音乐中最美的，不是乐器，而是人声。同理，世间最有看头的，当然也应该是人。

人类的躯体之美，由此成为全民热点话题。

一开始，主要是社交空间里的男性来品鉴其他男性的容貌、身材、气度；到后来，则出现了品鉴这些男性的女性（如山涛夫人、谢安夫人等）。

而后出现品鉴女性的男性，这品鉴先围绕着她们的精神气度（刘宋男性主编的《世说新语》，专有一门“贤媛”），再而后这审视的目光又重新发现了她们的身体（齐梁宫体是此中典型）。最后，有些女性也开始品鉴其他女性的容貌、身材、气度了。

比如沈约孙女沈满愿，就是用五言诗来写姑娘的高手，不止嘲戏闺蜜，偶尔也娱乐自己。

人们对自身的观察越来越深入，对躯体之美的理解也越来越翻新。

掌握着话语主导权的男人，观察和鉴赏对象，可谓是由自身和同类，进而推扩到了异性；

当时的女子，虽然只能追随时代风气，观察和鉴赏对象，也从异性退守到同类和自身，但毕竟也一次又一次地敢于发声：

新话题不断被开发出来，可以谈的东西越来越多；

新发现让他们欣喜若狂，从而引发了大量相关讨论和文学创作

于是，后人眼中，乍看上去，就好像汉唐之间的人，对颜值特别追捧。

放在魏晋这个特定时段，也就表现为……美男好像格外的多。

汉末品题人物，侧重人物道德高下，是否贤明。

曹操等的“求贤”则将人物的德行与才能区分对待。到了魏晋时期，一方面上承汉末“清议”“月旦”品评人物的风气，另一方面也因九品中正制确立，需要更准确地分辨、评判不同种类的人才，于是更加细化了措辞，产生大量人物品鉴用语。

六朝是个贵族社会，常有互相推重的日常社交，所以对当时人物的正面评价，从记载上看也特别多，尤其以魏晋时期为甚。

当时流行的玄学，则要求以简驭繁，以尽量少的言语，直指事物本

质。在它们合力之下，魏晋人物品鉴的套路最终形成。

其精妙之处，在于即便都是正面评价，但仍可在一二字分别中，准确体现不同人的特点，流风及于后代。

例如“清厉”“清峻”和“清正”显然是三种气质，“英锐”“英特”“英爽”绝非同一品格。

《晋书》说戴渊“闲爽”，一个黑道出身的高级将领，静如处子、动则决断的形象，立即跃然纸上。

另外，当时探讨了不少相人之法，于是对人的身体特征，他们也有很多精到的描述用语。

对后人来说，常常会觉得：第一眼满目英俊，第二眼各个不同。这样的阅读体验，琢磨层次渐深，便会渐入佳境，其实是很享受的。

今天的我们，大部分人由于生活多彩、事务繁忙，顾不上仔仔细细品读有关这些古人的原文，那么一些简单的介绍和整理，或者可以带给我们对魏晋时代初步的印象。

我想，本书各篇章的作者们，在提笔书写那些有关于颜和“颜控”的故事时，他们大概会很单纯地只考虑颜，或者首先考虑颜。

与此同时，千载之下，大部分的人，和故事里的人，已经没有直接的利害关系。

我们不必担心自己遇到这些故事里的人——或者碰上他们心大的时候，或者碰上个人品不好的——被他们有意无意地伤害到。我们只需要安静地坐在家里，打开书，来慢慢鉴赏那个时代花团锦簇的美。

于是，因为本书而相遇的读者和作者，实际在不经意间，都完美地复现了当年“不论人品，只看脸，而且热情直率地鉴赏脸”的风气。角色扮演，不亦快哉。当然，大家所用的，也已经是现代普通人的眼光了。

也祝福大家按图索骥，顺藤摸瓜，放下本书之后，在生活中找到更多不一样的美。

目录

第一章 你的男朋友在魏晋

第二章 【新词故事】长得好看说什么都对

第三章 超级名士养成指南

第一章 你的男朋友在魏晋

羊系男友

何晏，

内心敏感、自恋
体贴入微

曹操义子，肤白貌美，才高八斗，娶了公主为妻。何晏为魏晋玄学创始人之一，率先改良“五石散”并服用，掀起了人人嗑药的魏晋名士风潮。

01 我喝酒，我嗑药，但我是个好男人

文/酒酿圆子

今天要说的美男子何晏，在广大人民群众中知名度不高，却是历史上开创美男子风气、走在时尚前沿的第一人。

何晏，汉末三国时期魏国人，按照魏晋时世家大族垄断“名人榜”的潮流，何晏当然也是高干子弟。他是汉末大将军何进的孙子，正宗的名门之后。父亲何咸早亡，母亲改嫁给了曹操当小妾，何晏因而被收养，因为长得好看，曹操很喜欢他。

魏晋时期，美男的第一标准是肤白如雪，俗话说一白遮三丑，小麦色阳光系美男不受少女们的欢迎。

何晏美到什么程度呢?《三国志》中记载：“晏性自喜，动静粉白不去手，行步顾影。”何晏长得非常白，特别符合当时少女们的审美潮流。他经常边走路，边瞧着自己的影子道：“哎呀，我怎么这么好看呢！”

再加上，何晏的气质也不错。《世说新语》形容其为“美姿仪”，

不仅肤白貌美，仪容堂堂，风度也是一等一的好。

这样的美男子，不受欢迎才怪呢！

白得像闪光灯的何晏，在《世说新语》中留下了一个有趣的故事。

有天魏明帝曹睿在宫中闲来无事，跟身边人聊起了八卦：“你们说，这何晏白得跟电灯泡一样，有啥保养秘诀？”

“哎呀，肯定是抹了粉，他脸上的粉厚得跟糊墙似的！”身边人赶紧抓住机会拍马屁。

曹睿连连点头，这何晏，果然是个网骗。为了揭穿他的真实面目，曹睿故意在炎炎夏日将何晏召进宫中，赏赐热汤给他喝。

嘿嘿，这下得露出真面目了吧。

曹睿：兴奋得搓手。

何晏满头大汗地喝完了汤，又卷起袖子擦了擦额上的汗水，不仅没掉粉，反而愈发的肤如凝脂，洁白如玉，曹睿和他的小伙伴都惊呆了。“傅粉何郎”一词便是由此而来。

何晏人长得帅，自然很爱穿衣打扮。魏晋初期，大家的穿衣风格还比较朴素，只有世子曹丕稍微穿得奢侈一点儿，正当曹丕得意于自己今天的穿搭时，远远地过来了一个人，穿着打扮竟与自己类似——

又是何晏这家伙！

撞衫不可怕，谁丑谁尴尬。

曹丕很生气。寻常人撞衫都得不爽两天，更何况何晏频频跟自己撞衫，自己还长得没他好看，作为世子，他不要面子的吗。心态爆炸之余，曹丕给何晏起了个外号“假子”，讽刺他不是曹家人。

除开天生丽质，何晏到底有什么美容秘诀呢？

至此，魏晋时期鼎鼎大名、名士必备的标志性符号——五石散，闪亮登场！

所谓的五石散，是一种中药散剂，据说最早是由东汉大医学家张仲景发明的，药性燥热，能根治伤寒，因此也叫寒食散。五石散的毒性很大，吃起来很麻烦，一不小心还会吃死人，因此一直不怎么流行。作为五石散的代言人，何晏率先将药方略作改良之后服用，打开了人生的新天地——“服五石散，非唯治病，亦觉神明开朗。”

吃了五石散之后，不仅病除了，精神也好了，腰不酸腿不疼，一口气上七八楼都不喘。长期服用，更能使皮肤柔嫩细腻，还买一送一附带春药效果。

人气偶像何晏带头吃药，其他人哪有迟疑的道理。一时之间，魏晋上流社会开始人人嗑药，有病没病都来一套。但凡贵族，不吃五石散的，简直没办法混入时尚圈。平民百姓吃不起药，只好动不动晕倒在大街之上，装作药效发了，倍有面子。

据不完全统计，百分之八十的魏晋名士，例如裴秀、嵇康、王戎、皇甫谧、贺循、王羲之、王献之、王微、鲍照等人，全都有过嗑药的不良记录，裴秀更是因为服了五石散后，喝错冷酒，当场身亡，死得冤①。

除了好看之外，何晏还特别有才华，搞玄学很有一套。都说好看的皮囊千篇一律，有趣的灵魂万里挑一。魏晋时期，仿佛投胎时才华不要钱似的，集美貌与才华于一身的美男子比比皆是，何晏也是其中的佼佼者。何晏是道家学说的粉丝，从小精通《老子》《庄子》《周易》，有一次曹操在读兵书，读到一处百思不得其解，恰好何晏在他身边，曹老板装作不经意地询问何晏想法，没想到何晏说得头头是道，一下子把曹老板震惊住了。

小小年纪就有如此造诣，太厉害了，孺子可教也!

作为魏晋玄学的创始人之一，何晏提拔了天才思想家王弼，动不

①《晋书》：“服寒食散，当饮热酒而饮冷酒，泰始七年薨，时年四十八。”

动就召集一大帮名士谈玄学谈人生，形成了大家爱开 party 聊哲学的风气。何晏主张“贵无论”，说“天地万物皆以无为本”[②]，意思是世界的本源是“无”，这个无呢，不可言说，难以捉摸，总之玄之又玄。

这样看，何晏集齐了所有偶像剧男主的标准配置，简直是梦想中的完美情人。嫁给他，没错。

No！女主角金乡公主有话说。她的论坛热帖“818 我那个成天嗑药劈腿的渣男老公”在魏国广为流传。曹操对何晏喜欢得不得了，主动将女儿金乡公主嫁给了他。成婚当天，建康少女齐失恋，场面一度失控。可能是由于自小在曹家寄人篱下，何晏对于曹家人都不太感冒，结婚后压根没将金乡公主放在心上，照样日日嗑药夜夜笙歌，时不时还传点绯闻，将公主气得够呛。

公主时不时就跑回娘家告状：“何晏今天又去喝酒喝得不见人影，我要跟那个王八蛋离婚！”

“何晏又要在外面玩女人，渣男！”

每当这时候，公主的母亲总是安慰她：“要想生活过得去，头上就得顶点绿。”

“他再这么折腾下去，迟早会出事的！”公主委屈道。

金乡公主的预感相当准。

最初，何晏官场之路一直不太顺利，行为也不是太嚣张。

曹丕掌权时，一直对何晏不太待见，在那个流行请名人挂名名誉顾问的时代，最有名气的何晏，偏偏没得到半点官职。等到曹睿继位时，何晏的名气太大，为人又有些放荡不羁，曹睿觉得他这人太浮夸，影响不好，也没重用他。

郁郁寡欢的何晏只好用饮酒来掩饰自己仕途的失意。

---

②《晋书·王衍传》

这时，他人生中的贵人——曹爽出现了。曹爽是大司马曹真的儿子，为人鲁莽，也没什么才华，曹睿驾崩之后，委托他和司马懿共同辅佐小皇帝曹芳。曹爽跟何晏是称兄道弟的哥们，一人得道鸡犬升天，手握重权之后，当然要提拔自己的好哥们。于是何晏立刻平步青云，成了朝廷人事部门的一把手。

史书上记载，何晏为官的风评很差，成天聚众清谈，不务正业。《资治通鉴》中直接说他心胸狭窄，爱搞小团体，朝中只要有人和他意见不合，立刻罢官伺候[③]。

没办法，何晏是典型的文人性格，搞政治实在不是他的长项，可以理解。何晏跟着曹爽过了十年清闲悠哉的日子，完全没想到身边还有个虎视眈眈盯着他们的敌人。

公元 249 年，司马懿发动高平陵之变，趁着曹爽、曹芳去高平陵上坟的机会，发动政变，直接派兵把首都洛阳城占领了，曹爽一瞧司马懿这来势汹汹的架势，当场吓尿，立刻投降。政变成功之后，第一件事便是秋后算账，何晏作为曹爽的好友，跟着倒了大霉。有意思的是，关于何晏之死，《魏氏春秋》中记载了这样一个故事：

司马懿让何晏主审曹爽的这桩“谋反案”，何晏眼看没自己啥事，喜滋滋地查了一通叛贼名单，递给司马懿。司马懿瞧了一通名单，很不开心：“诛人七族这种老掉牙的手段现在还在用，有没有点创意？不能开发点诛连八族的新花样吗？”

何晏听了这话之后很惊恐，问道：“难道还有我吗？”

---

③《资治通鉴·卷第七十四·魏纪六·烈祖明皇帝下》：“爽徙吏部尚书卢毓为仆射，而以何晏代之，以邓飏、丁谧为尚书，毕轨为司隶校尉。晏等依势用事，附会者升进，违忤者罢退，内外望风，莫敢忤旨。黄门侍郎傅嘏谓爽弟羲曰：‘何平叔外静而内躁，铦巧好利，不念务本，吾恐必先惑子兄弟，仁人将远而朝政废矣！’晏等遂与嘏不平，因微事免嘏官。”

“对啦！意外不意外，开心不开心？”

于是，何晏连同曹爽一同被诛杀，死得很窝囊，很令人不齿，一点儿都没有名士风度。

好端端一个美男子，最后怎么名节不保，混成这样？其实关于何晏之死，历来争议颇大，很多史学家都认为，《魏氏春秋》里的这则故事，是司马氏赤裸裸的杜撰与诬陷。

何晏死了，但名士的精神不会死。在他之后，涌现出了嵇康、阮籍、山涛等一大批追求自由、精神独立的千古风流人物，至今不朽。

魏晋风流，名士时代，终由此起。

猫系男友

阮籍，

冷静、聪明、傲娇

放荡不羁

“竹林七贤”之首，知名文学团体“建安七子”之一阮瑀的儿子。长相帅气，为人任性不羁，爱喝酒，真性情。崇尚老庄，擅写诗文，创作了多首《咏怀诗》，对后世文学发展影响深远。

02

给我一壶酒 天下任风流

文/酒酿圆子

司马昭的使者站在阮籍家门前，神色尴尬。这不是他第一次登门拜访了，每次他来的时候，都撞见阮籍喝得烂醉如泥的样子，一连七十多天，愣是没找到开口说话的机会。

他拜见的人，正是大名鼎鼎的“竹林七贤”之首——阮籍。

阮籍是汉末三国时期的魏国人，出身于陈留阮氏，是当时数一数二的名门望族，他的父亲是大名鼎鼎的“建安七子”之一的阮瑀，当初跟曹丕、曹植他们经常一起玩耍。可惜到了阮籍这一代，曹家的权利快被司马家架空，阮籍一瞧，搞政治朝不保夕很危险，不如顺应时尚潮流，当了一名风姿卓越的名士。

作为大名士的阮籍，容貌自然不会差劲。

《晋书》中记载阮籍："容貌瑰杰，志气宏放，傲然独得，任性不羁，而喜怒不形于色。嗜酒能啸，善弹琴。当其得意，忽忘形骸。"

由此可见，阮籍是一个长相英俊、身材伟岸的男子，同时他还有桀骜不驯的气质，心高气傲，放荡不羁，就像家中养的猫一样，看谁都是铲屎官，喜怒不形于色，不太拿正眼瞧人。

这一看，身为美男的阮籍，应该人缘很差了吧。

不，阮籍不仅朋友众多，还能喝酒唱歌，玩得High了，吟诗一首，引得一片女性崇拜。

在魏晋，长得帅又有才华的美男子，走到哪儿都有市场。名气一大，司马家的人就盯上了他：小阮同志家族基因好，自己人也是大名士，好想跟他当个亲家！

魏国执政CEO司马昭立刻派出使者，想找阮籍说个亲。

于是便发生了开头的尴尬一幕。

守了七十多天，看阮籍连醉七十多天，使者终于忍无可忍，回去禀报司马昭："不是我没有认真完成任务，实在是这阮籍太不配合！"

司马昭的联姻计划泡汤。

仗着自己酒量大，喝酒避祸这招阮籍屡试不爽。喝酒归喝酒，日子长了，却总感觉有些不爽，本来自己在山林间吹箫弹琴，日子过得好好的，非把我弄到洛阳来做官，整日跟坐牢似的，能高兴吗。

不开心之余，阮籍写了不少《咏怀诗》托物言志。在当时那个高压的政治环境下，指着司马家的鼻子骂娘是不可能的，分分钟文字狱玩死你，那写诗说些什么呢？不能说政治，阮籍就写自然。后人钟嵘在《诗品》中评价他的诗说："《咏怀》之作，可以陶性灵、发幽思。言在耳目之内，情寄八荒之表。洋洋乎会于风雅。"又说阮籍的诗："厥旨渊放，归趣难求。"

意思是阮籍的诗写得清新自然，那是极好的，但是中心思想晦涩难懂，看了完全不明白阮籍想表达什么。例如阮籍的代表作《咏怀诗》：

夜中不能寐，起坐弹鸣琴。

薄帷鉴明月，清风吹我襟。

孤鸿号外野，翔鸟鸣北林。

徘徊将何见，忧思独伤心。

这首诗意思浅显易懂，阮籍半夜睡不着起来弹琴，头顶明月，两袖贯风，弹着弹着就不高兴了，孤独跟哀思之感涌上心头，十分伤心。

司马懿想找茬，拿着阮籍的诗一头雾水：这里面到底说了个啥？也不知道为啥弹琴弹着弹着就伤心了，这阮籍真是个多愁善感的人。

身为名士，阮籍心中很有些忧国忧民的情怀，他心里苦闷，又无处抒发，只好日日饮酒，借诗消愁。好在他还有嵇康、向秀等一大帮志同道合的朋友，无聊的时候溜出洛阳，跟好朋友吟诗作对，就当是放风了。

在阮籍沉迷喝酒的时候，魏国政局又经历了一次大洗牌。司马懿上位不久后就暴病身亡，魏国大权落到了司马懿的儿子司马师手中。司马师继承了司马家族的阴谋家传统，掌权之后不久，便找了个机会把皇帝曹芳废了，恭请年幼的曹髦进京继承大统。

天子被废，大臣被杀，一时间白色恐怖笼罩在朝野上下，人人自危。

万幸的是，司马师还没来得及春风得意几天，就患上眼疾，再次暴病身亡。这个暴毙速度，简直像被曹家下了诅咒。

这时候，朝中大权转移到了司马师的弟弟司马昭手里。

对于天下人而言，司马昭掌权是一件大大的好事。

原因无他，司马昭的形象工程做得好啊！至少在曹髦被杀之前，大家都觉得他是忠君爱国的大好人。与司马懿、司马师的枭雄风范不同，司马昭很注重个人形象的建设，他爱惜名士，以孝治国，时时刻刻打着“仁义”的旗帜，标榜自己是儒家的在世传人。

君子风范的司马昭上位了，按照惯例，要拉拢一下名满天下的名士们。这招之前司马懿、司马师两人都用过，拒绝配合的名士下场一般都很惨。

被拒婚之后，司马昭心里不爽，表面上还是一派谦谦君子风度，没事就跟阮籍吃吃饭套近乎，看能不能想些别的法子收服他。有一次吃饭时，阮籍不经意地说：“我之前到过山东的东平，觉得那地方不错。”

说者无心，听者有意，司马昭一听，高兴得不得了，正愁没地方巴结你呢！既然你喜欢东平，就派你去东平做官吧！

于是阮籍生平第一次没喝醉，骑着毛驴正经地去上班了。

到了东平之后，阮籍有些失望，他的心情类似于现在去景区旅游，出发时满怀期待，到了地方一看，全是人，跟自己想象中的世外桃源完全不一样，很难受。迎接他的官员将他引到办公的衙门：“阮太守，您看看咱们上班的地方，条件是不是还不错？”

阮籍骑着驴子，围着衙门转了一圈道：“把衙门里的这些墙全部拆掉。”

“哈？”

所有人都傻了眼。你这太守，是来好好上班的，还是来搞破坏的？太守发话，不从也得从，大家只好把衙门里的小办公室拆掉，每天上班大眼瞪小眼，透明化办公，想摸鱼都没机会。

阮籍很满意，这样上班的效率才高嘛！收拾完了底下这一帮偷懒的官员，阮籍将目光转向了平民百姓。魏晋时期，崇尚忠孝治国，礼法制度多得记不清，衙门里的法律法规也看得令人头疼，阮籍干脆把没用的法令全废除了，依法治国，一切从简。

提高效率、以民为本，很多官员一辈子想解决的两个矛盾，阮籍用了不到十天就解决了。不得不说，虽然阮籍平时消极怠工，真要认真干活，还是很有两把刷子的。眼看着活干得差不多了，继续在东平呆着也没什么事，阮籍又骑着驴子打道回府。

司马昭又陷入了惆怅。这人还没安分两天，怎么又走了呢！名士真是不好拉拢。好在阮籍只是秉承着“无政府不合作”的态度，也不怎么主动招惹司马家，对于这样的人，司马昭大多数时候就睁一只眼闭一只眼，懒得管他。

回到家中的阮籍，继续饮酒作诗。没喝两天，就登上了魏国娱乐八卦头条位置：大名士阮籍移情别恋，日日睡在酒家老板娘身边！

阮籍粉丝：不，这肯定是假的！

过了几天，酒馆老板出来亲自辟谣：我老婆与阮籍之间的关系很清白！

原来，阮籍的好朋友王戎过来找他玩，两人就一起去邻家的酒垆喝酒。恰好酒垆的老板娘长得特别漂亮，阮籍喝醉之后，就躺在老板娘身边呼呼大睡。在男女授受不亲的封建时代，阮籍这行为可捅了马蜂窝，老板娘的丈夫感觉自己头上很绿。他趁着阮籍大醉的时候，躲在旁边悄悄观察，想来个捉奸在床，没想到阮籍真的就是单纯的喝醉睡觉而已，对美艳的老板娘一点都不感兴趣。

还有一次，有位士兵的女儿死了，阮籍路过灵堂，跑进去放声大哭。士兵一看，这不是大名士阮籍吗？怎么跑我家里来了？难不成他跟我的女儿有一腿？

他惴惴不安地问阮籍：“您是不是认识我女儿？”

阮籍擦了擦眼泪道：“虽然我不认识她，但是觉得她这么美好的女孩子，年纪轻轻就死了，很可惜，太伤心了。”

史书上没有记载阮籍的婚姻，但从中我们可以看出，尽管行为放浪形骸，但阮籍骨子里仍是一个谦谦君子，很可能还十分专情，是好老公的不二人选。

除了讲究男女之别外，魏晋时期还特别崇尚孝道。

阮籍的父亲阮瑀死得早，阮籍自幼由母亲抚养长大。后来，阮籍的母亲去世了，阮籍特别悲痛。

按照当时的礼制，父母的丧礼是大事，一定要穿素服，大声号哭，还不能吃肉喝酒。阮籍不是平常人，自然不理礼制这套，他给自己备好肉酒，吃饱喝足后，到母亲遗体前哀号一声，竟然难过得吐血。

他的难过，跟遵循不遵循虚礼毫无关系。他的难过，纯粹简单，不掺杂任何杂质。说到底，阮籍并不是故意蔑视礼法，也没有扫除旧制的的雄心壮志，他只是一个活得过于真实的人。

阮籍守丧期间，司马昭请他去喝酒。阮籍到了那儿，酒肉不忌，大吃大喝。当时另一位有名的名士何曾也在场，对阮籍的行为很看不惯，就像当初的钟会陷害嵇康一样，他也想趁机给阮籍使个绊子，便跟司马昭告状道："明公方以孝治天下，而阮籍以重丧显于公坐饮酒食肉，宜流之海外，以正风教。"①

明公您以孝治天下，而阮籍守孝的期间还过来大吃大喝，有点不合适吧？我建议把他流亡到海外去，以示正听。

阮籍跟何曾之前从无交集，也没得罪过他，不知道怎么的，文人相轻，何曾就是看他不顺眼。司马昭听了这话，面子上有些过不去了，阮籍之所以来大吃大喝，那不是他邀请的吗？何曾你这话啥意思，又想让我背迫害名士的黑锅？

于是司马昭替阮籍挡了回去："你看阮籍守丧的时候难过成这样，人都消瘦了不少，吃点酒肉补补身子，也是合乎礼制的啦！"

由此可见，进言是个技术活。何曾这种小儿科水平的谗言，还不至于搞倒阮籍。

---

①《世说新语·任诞》

魏景元四年（公元263年），不听话的曹髦死了，不合作的名士嵇康也被杀了，朝野上下，再也没有反对司马昭的声音。司马昭觉得时机成熟，是时候加九锡过把瘾了，便让傀儡皇帝曹奂下诏。

九锡，代表着天子给予臣子的最高荣耀。本来是一件比较光彩的事情，问题是之前篡权的王莽、曹操、孙权等人都玩过这套，于是加九锡的含义就变了味。权臣在篡位之前，一定会加九锡意思一下。

本来，想加九锡是司马昭自己的意思，但这事他不能直说，不然多没面子。于是他让曹奂下了旨。皇帝下诏，这下总得答应了吧？不，司马昭还要再谦让一番，表示自己无德无能，配不上如此厚爱。

接着，就轮到朝廷大臣的表演了。按照套路，此时大臣们要纷纷上表，劝司马昭接受爵位。那么问题来了，《劝进表》这样重量级的拍马屁文书，让谁写比较好呢？

这时候大名士嵇康已经死了，能让天下士人心悦诚服的、能担此重任的，只有阮籍一人。

于是使者再次来到了阮籍家门前。果不其然，又碰到了阮籍在喝酒。

这场景莫名熟悉，使者内心涌起一股不祥的预感。他交代了来意之后，嘱咐阮籍第二天交稿。阮籍压根没理睬他，继续喝酒。

第二天，使者又来了，一看，阮籍喝得烂醉如泥，哪里有稿子的影子。司马昭正等着念完稿子好受九锡呢，这要是拖稿还得了。使者赶紧叫醒了阮籍，一不做二不休，索性赖在阮籍家不走了。事实证明这种催稿方式效率很高，这下阮籍没办法，只好趁着醉意，一气呵成，写完了这篇违心的《劝进表》。

写完《劝进表》之后没几日，阮籍就在无限的失落中，醉死酒里。

过了很多年，“竹林七贤”中年纪最小的王戎，经过黄公酒垆时，突然停下脚步。他凝望酒垆良久，对左右人说道：“当初，我跟嵇康、阮籍他们一同在这里喝过酒，一起在竹林里面交游。自从嵇康、阮籍死了之后，我进入官场，渐渐地变成了一个俗人。黄公酒垆近在眼前，那些曾经的朋友却咫尺天涯，再也见不到了！”

自从阮籍、嵇康死后，他再也没有这样交心的朋友，也再也见不到这样风姿卓越的人物了。曲终人散，竹林交游终成传说。

给我一壶酒，天下任风流。这大概便是阮籍一生最好的写照。

仙鹤系男友

嵇康，

为人讲义气、心高气傲

优雅风流

“竹林七贤”中的颜值担当、精神领袖。风姿卓越，貌似仙人。琴棋书画样样精通，多次拒绝出仕，为此不惜与好朋友山涛绝交。他死后，《广陵散》再无人会弹，成为绝响。

03 一个集美貌与才华于一身的美男子

文/酒酿圆子

好朋友阮籍都成了大名士，“竹林七贤”中的门面担当嵇康岂有不红的道理。

嵇康比阮籍小了十来岁，两人不仅关系好，还都是当时的文人领袖，名号响当当的大名士。与阮籍不同的是，嵇康并非出身于名门世家，他的父亲只是魏国的一个基层官员，嵇康的出名，完全是依靠个人的才华，以及他与生俱来的帅气。

同时期的山涛形容嵇康的样子是：“嵇叔夜之为人也，岩岩若孤松之独立；其醉也，傀俄（巍峨）若玉山之将崩。”

最后一句翻译过来是：嵇康喝醉的时候，看起像玉山倾斜一样。玉是洁白明亮、晶莹剔透的，由此可见，嵇康的皮肤非常白皙且有光泽，十分符合当时人的审美趣味。

那时候没有 PS，没有美颜相机，作为见过嵇康的人，山涛的说法很有说服力。

再加上嵇康“身长七尺八寸”，身高一米八，身形挺拔，不仅是当时，放到现在看，也是不折不扣的完美身形。

这样一个人，才华自然也是极高的。嵇康琴棋书画样样精通，“亦善文，工于诗，风格清峻”，书法“精光照人，气格凌云”，擅绘丹青，又通晓音律，完全不给其他人活路。

弱冠之年，才高八斗的嵇康从老家安徽出发，来到了当时的政治文化中心——洛阳。

由于长相帅气、才华出众，没过多久，嵇康便成了远近闻名的大名士。史书上记载他“风姿特秀”、“英标秀上”，各种溢美之词仿佛不要钱似的往嵇康身上堆，简直是行走的荷尔蒙，洛阳少女的梦中情人。

曹魏宗室的郡主也不例外。来到洛阳之后，嵇康的桃花运一直不错，每天向他表白的姑娘数不胜数，只是嵇康为人心高气傲，一般姑娘都看不上眼。正史四年前后（243 年），嵇康娶了曹操的孙女长乐亭主。基层人民出生的嵇康，竟然娶到了王爷的女儿，只能说在魏晋，长得好看真是了不起的技能。

婚后两人的感情一直不错，生了两个活泼可爱的孩子。老婆孩子热炕头，人生赢家全都有，再加上一群志同道友的合朋友，嵇康这段时间过得可谓潇洒之极。

嵇康与阮籍、山涛等人都是大名士，爱喝酒爱谈老庄，初次在洛阳相逢便一见如故，几人好得如胶似漆，日日黏在一起喝酒，连山涛的老婆韩氏都觉得有点儿不正常。有一天,韩氏问山涛怎么回事。山涛答道:"如今这天底下,能跟我当朋友的人,只有这两个了!"

这下韩氏更好奇了,阮籍、嵇康到底是什么人,面子竟然这么大?好奇归好奇,在万恶的封建社会里,女子是不能随便见陌生男人的。为了哄老婆开心,山涛想到了一个好主意。

过了几天,阮籍、嵇康两人来山涛家玩,喝酒喝得兴起时,山涛留两人住宿,朋友的一番好意,哪有不从的道理。两人愉快地答应了。夜深了,韩氏偷偷躲在窗外观察几人,本来只想偷瞧两眼就走,没想到阮籍、嵇康两人风姿卓越,看着看着看入了迷,通宵达旦,流连忘返。

第二天,山涛问自己妻子的看法:"你觉得我的朋友如何?"

韩氏拍拍他的肩膀道:"你的才华比不上那两人,但是你气度大,不会嫉妒他们,还是可以跟他们一起愉快地玩耍。"

山涛听了不仅没生气,反而点头道:"对对对!你说得一点没错,我也觉得我气度比较大。"

山涛,一个热心快肠、肚能撑船的人,这一性格特点基本贯彻了他的一生。以至于后来嵇康跟他写了绝交信,他都没生气。

朋友有了,妻子也娶了,还有什么别的追求呢?人生赢家嵇康想了想,决定搬家去山阳隐居,悠悠哉哉过日子。恰好这时,司马懿准备发力修理曹爽,一时之间大家都不知道该站哪边,眼看着要变天,山涛和阮籍赶紧辞官,跟着嵇康一同走上隐居之路。

在魏晋,隐居是名士避祸的最好理由。跟我们今天明星都要曝光度不同,魏晋时期的名士们,越隐居,名气反而越大,大家都会觉得你很有神秘感。

自此,一个闪亮的名称登上历史舞台——竹林七贤!

竹林七贤是以嵇康为核心的一个文士团体，包括了嵇康、阮籍、山涛、刘伶、阮咸、向秀、王戎七人。他们都好老庄之学，交游的地点基本都在嵇康家附近的竹林中，因此后人称他们为“竹林七贤”。

老实说，竹林七贤的聚会中，并不只有七个人，除了上面几位老朋友外，吕安、吕巽两兄弟也会时不时地过来拜访。这两人，在嵇康之后的命运中，扮演了重要的角色。

隐居山阳的这段日子，是嵇康人生中最开心的日子。除了喝酒交游写文章弹琴之外，嵇康还有一项特殊爱好——打铁。在古代，铁匠可不是什么受人尊敬的职业，这种卖力气的累活，不是为生活所迫，没人愿意干。嵇康不一样，他连打铁都打得潇洒至极。附近的村民们想打点铁具马掌时，便来找嵇康帮忙，价钱随便给，就算不给嵇康也无所谓。打铁的钱，都被用来买酒，纵情山水，弹琴一曲，又是一天快活的时光。

孔武有力、才华逼人、洒脱不羁、冷面傲娇，再加上琴棋书画样样精通，嵇康简直集合了所有“玛丽苏”小说中男主的优点。难怪有次嵇康背着竹篓上山采药，碰到山里的樵夫，对方还以为他是在山里清修的仙人。

嵇康的名气太大，经常有粉丝慕名前来。

这天，一名粉丝带着自己的作品大老远地从首都跑来，临到嵇康家门前，又有些退缩。

这名粉丝不是一般人，他是当时鼎鼎大名的书法家钟繇的孙子，钟会。他来找嵇康，一方面是想亲眼见一下偶像，另一方面，是想让嵇康看看自己的文章，夸奖一下自己。钟会年纪不大，却特别有商业头脑，早在一千年前就发现了“名人效应”原理——嵇康这种名满天下的大名士，看一看自己的文章，随便客套地夸上一两句，自己不就出名了吗。

算盘倒是打得很精，不过像嵇康这种个性耿直的 boy，百分之九十的可能不会跟他商业互吹，万一被骂得狗血淋头出门，岂不是很没有面子。

钟会站在门前踌躇了老半天，都定不下主意。最后，他把心一横，将自己的文章扔了进去，扔完赶紧跑路。

回到家中，钟会惴惴不安地等待消息。

一天过去了，嵇康毫无反应。

一月过去了，嵇康毫无反应。

一年过去了，嵇康还是毫无反应。

别说夸奖了，对于钟会写的这篇文章，嵇康骂都没骂一句，仿佛这篇文章从来不存在一般。对于自己不感兴趣的东西，最大的侮辱不是仇恨，而是无视。钟会这篇投石问路的文章可能写得不太对嵇康的胃口，所以嵇康压根没理睬他。

钟会被气得七窍生烟。不过此时他只是一个无名小辈，也奈何不了嵇康。总之，这梁子是结下了，嵇康，以后咱们走着瞧。

后来钟会投靠了司马氏，一路青云直上，坐上了魏国公安部一把手位置，可谓是春风得意马蹄疾。这时他又想到了嵇康。当初自己籍籍无名的时候，嵇康看不起自己，现在自己的官够大了吧，他还敢轻视自己吗。

自信心膨胀的钟会，再次站在了嵇康家门前。这次他不再是那个初出茅庐等待前辈推荐的毛头小子了，他手握重权，又深得司马昭信任，人人争相巴结，不信这嵇康不识抬举。

与第一次不同，他大摇大摆地走进了嵇康家中。

嵇康正跟向秀一起在家中打铁，钟会进来的时候，嵇康头都没抬一下，依然专心致志地打着铁，仿佛压根不存在钟会这个人。

钟会被再次无视了。

他感到自己的自尊心，又一次被狠狠地践踏了。尴尬之余，钟会只得调转马头，讪讪而去。这时，嵇康终于说话了:“何所闻而来?何所见而去? ”

你听到了什么所以来? 又看到了什么所以离开?

钟会略作思索，答道 :“闻所未闻而来，见所见而去。”

再一次前来，钟会不仅没得到想象中的欢迎，反而带着哑谜一般的对话离开了。回去之后，越想越生气，这嵇康也太不识抬举了吧，必须找机会杀了他!

钟会小人得志，也顾不上什么儒家风度了，反正他身为国家高官，找个借口收拾嵇康不是分分钟的事情。

机会很快就来了。

公元 261 年。

嵇康正在山阳的家中奋笔直书，他的手边，放着一封老朋友山涛寄来的信。当初一起在竹林中吟诗作对的朋友们，此时早已各奔了东西。其中阮籍放荡不羁，刘伶醉酒当歌，早早地避开了政治漩涡，唯有年纪最大、为人稳重的山涛，投靠司马氏，出仕为官。

前一年，魏甘露五年 (公元 260 年)，魏国朝廷发生了一件大事——皇帝曹髦被杀了。皇帝被杀，这还得了，举国震惊之余，大家一致把矛头指向了大将军司马昭。

司马昭之心，路人皆知，皇帝出事了，当然是你干的！

司马昭很委屈。本来，司马昭只是想给自己加个九锡，过一过权臣瘾，没想这么快背上"弑君犯上"的骂名，没想到底下人不听话，一不小心把皇帝曹髦给杀了。

经此变故，司马氏大获全胜，曹魏政权名存实亡。普天之下，再也没有敢跟司马家作对的人。

山涛是个明白人，曹氏家族靠不住，司马氏上位之后，不会放过那些不听话的文人名士。嵇康名气太大，很容易成为靶子。为了好友的安危，在政局如此敏感的时刻，山涛给嵇康写了封信，劝他出仕当官，接替自己的位置。

嵇康收到信之后很生气："你什么意思？明知道我从不 care 司马家的，还寄来这封信羞辱我。"

于是他挥笔写下了这封流传千古的《与山巨源之绝交书》。

按理说，绝交直接拉黑就好了，用得着写这么洋洋洒洒的一大篇文章么。

嵇康虽然性格刚烈，但绝不愚笨，他不可能看不出来好友的一番苦心。

这封信，表面上是写给山涛的，实际上是写给当时魏国的最高统治者司马昭看的。在信中，他明确地表达了自己的立场——礼法制度无聊透顶，我为什么要出来做官，受这种气？道不同不相为谋，你爱做官就去做，我可不想沾上一身的血腥气味。

宁死不与司马氏合作，这就是嵇康的回答。

国民偶像嵇康写完《与山巨源之绝交书》后，这篇文章立刻风靡全国，成为当时最火的热点。司马昭看了这篇文章后，面子上很挂不住：嵇康你这家伙，写文章指桑骂槐，以为我看不出来是在骂我吗。

恰巧钟会当时是司马昭的心腹，嵇康自己送上门来的借口，岂有放过的道理。钟会立刻劝司马昭杀了嵇康，这家伙大逆不道，必须杀了他才能让他知道现在谁说了算！

司马昭想了想，摇头道："算了吧。"

骂归骂，司马昭还是不想背上屠戮名士的骂名，反正每天骂他的人那么多，想想就忍了。

这道劫总算惊险万分地度过了。

不久之后，发生了一起桃色丑闻。还记得前面的吕安、吕巽两兄弟吗，这两人跟嵇康的关系都很好，在山阳隐居时几人经常来往。吕家是当地有名的名门望族，哥哥吕巽在朝中做官，弟弟吕安自己也是大名士，他娶了位貌美如花的妻子徐氏，两人感情很好。万万没想到，有一次吕巽趁着弟弟不在家，强奸了自己的弟媳。魏晋时期，伦理纲常是重中之重，这种丑事传出去还得了，吕巽必须得完蛋。

眼看着东窗事发，吕巽赶紧去找自己的好朋友嵇康帮忙。恰好吕安也跟嵇康关系不错，也去找嵇康商量办法。嵇康夹在中间，左右为难。

两边都是好朋友，再加又不是什么大事，何必闹得兄弟离心。嵇康热心地当了一次和事佬，劝吕安放自己哥哥一马。吕安一想，的确有道理，自己哥哥肯定是一时糊涂鬼迷心窍，这次知道错了，以后不再犯了就行，人非圣贤孰能无过嘛。

吕安这边准备以德报怨，吕巽却在想着怎么算计弟弟脱身。哪个男人能忍下头顶绿帽的耻辱，吕安肯定会搞得他身败名裂，干脆恶人先告状，先将吕安名声搞臭好了。于是吕巽一不做二不休，率先去衙门里诬告吕安殴打自己的母亲。

地方官员一听，打母亲，一点儿都不讲孝道，这还得了，立刻下狱!

吕安就这样莫名其妙地被流放了。

嵇康听到消息后，气得七窍生烟，立刻写了封信大骂吕巽，要跟他绝交。这封绝交信就写得简明扼要许多："古之君子，绝交不出丑言。从此别矣!临书恨恨。"

态度果决，毫不拖泥带水。对比起来，他给山涛写的那封绝交信，简直称得上语重心长、情意绵绵。

绝交信写了，但是人还是没救到。该怎么办呢?向来不管闲事的嵇康索性亲自来到衙门，为吕安伸冤作证。那些官员一瞧，咦这不是写信骂过司马昭的嵇康吗?正愁没理由抓你呢，你也一起下狱去吧!

于是倒霉的嵇康也被抓了起来。

嵇康被抓之后，全社会都轰动了，当即掀起了一股营救嵇康的热潮。不仅朋友们四处奔走，太学生们集体请愿，许多跟嵇康平时没什么交集的名士也出来为嵇康说话。

平日里嵇康为人倨傲，不搞商业互吹，不玩拉帮结派，更不出仕做官，来来往往也就是竹林七贤那几人，危难时刻，竟然有这么多人站在他的这边，坚信他的清白。

这就是人格魅力的力量。

事情越闹越大，最后闹到了最高 CEO 司马昭那儿。司马昭一看很头疼，这么多人为嵇康请愿，我要是杀了他，不是又成千古罪人了吗。不行不行，这黑锅我不能背。

这时候，钟会再次出场了。司马昭之所以不想杀嵇康，是怕失了民心，钟会抓住了他的软肋，说了几句极高明的话。

首先，他给司马昭戴了一顶高帽子："今皇道开明，四海风靡，边鄙无诡随之民，街巷无异口之议。"

如今国家在您的统治下，四海升平，一片繁荣，所有人都爱戴您，没人在背后说您坏话。

潜台词：就算您杀了嵇康，那些百姓也不敢多说什么。

再说嵇康的不是："而康上不臣天子，下不事王侯；轻时傲世，不为物用；无益于今，有败于俗。"

嵇康这样的大名士，上不尊重天子，下不把王侯放在眼里，恃才傲物，不能为我们所用，留着他不仅对社会没什么好处，反而会将大家带坏。

潜台词：嵇康这样不服管教的人，您都不杀他，这不是助长了这种不把司马家放在眼里的风气么!

听到这里，司马昭已经有些动摇了。

钟会趁机加了最后一句："昔太公诛华士，孔子戮少正卯，以其负才乱群惑众也。今不诛康，无以清洁王道。"

这句话中涉及到了两个典故。一个是姜子牙杀华士，一个是孔子杀正卯。司马昭您不是最信奉孔孟之道吗，贤明如姜子牙、圣德如孔子这样的人，面对不跟自己合作的名士都一杀了之，您还在犹豫什么呢?

这句话太狠了。为了维护自己的威名，也为了大局的稳定，司马昭当即决定，嵇康，该杀!

嵇康就这样迎来了自己的最终命运。

公元 263 年的中午，嵇康临刑东市。面对死亡，他神色不变，镇定地索琴，弹之，仿佛这只是在竹林中隐居的一个平常午后。

曲终，嵇康摸着琴，感慨道："过去袁孝尼曾经想学这首曲子，我没有教给他，《广陵散》从此绝矣！"

闻者无不涕泪。

嵇康最后没有将自己的孩子托付给哥哥，反而将他们托付给了曾经绝交过的山涛。他对自己的儿子说："巨源在，汝不孤矣。"

只要有山涛在，你就不是孤儿。

每次读到这句话都鼻子发酸，一个人在临终之时，真诚无条件地信任另一个人，而另一个人也并未辜负对方的信任。

这才是友谊的伟大之处。

鲁迅在《淡淡的血痕中》中曾经写道："叛逆的猛士出于人间；他屹立着，洞见一切已改和现有的废墟和荒坟，记得一切深广和久远的苦痛，正视一切重叠淤积的凝血，深知一切已死，方生，将生和未生。他看透了造化的把戏；他将要起来使人类苏生，或者使人类灭尽，这些造物主的良民们。造物主，怯弱者，羞惭了，于是伏藏。天地在猛士的眼中于是变色。"

嵇康是文人，是美男，也是猛人。这个世界，他来过，生活过，爱过也恨过，留下了一段令人神往的传说，足够了。

这才是真正的名士风采。

孔雀系男友

裴楷：

重视人际交往

优雅温和

西晋著名的清谈领袖之一，由于气度高雅、风采神韵，才貌双全，被当时的人称为“玉人”。政治才能出众，年少成名，为人正直，以德服人。

04 大家好 其实我是一个演员

文/一只仓舒公

如果说，现在你需要听一个人从头到尾给你讲一遍宪法、刑法、民法、未成年人保护法、劳动者权益保障法等全部琐碎的规定，请给我描述一下你即将产生的感受。

痛苦? 绝望? 无聊? 想打人?

那如果我给你换个人来读呢? ——什么? 换谁都没用?

这个问题，西晋武帝朝的官员不用考虑，因为他们有裴楷。

什么，那一定是因为裴楷长得很好看吧!

嗯……能够在魏晋时期当上名士，没有一张让人见而不忘的美好面孔怎么行? 可是，要在魏晋时期当上名士，空有一张让人见而不忘的美好面孔也是远远不够的。

裴楷，字叔则，河东闻喜人。三国曹魏时期出身于著名世家大族河东裴氏，爷爷裴茂曾经当过东汉的尚书令，爸爸裴徽是曹魏的冀州刺史，堂兄裴秀是曹魏的司空，可以说是真正的含着金钥匙出生……而裴楷本人，除了有着让世人感慨“如近玉山，映照人也”、让著名帅哥王衍也赞叹“双眸闪闪，若岩下电”的好皮囊，还博学多闻，年少时就已经誉满江湖。

《晋书》记载：裴楷非常善于宣读律令，他在御前读新律，并逐一评论律法是否得当，当时不仅没有人产生昏昏欲睡的情绪，反而是“左右属目，听者忘倦”。

这个能把律法都读出妙趣横生的小伙子裴楷，不仅出身名门，才貌双全，而且年纪轻轻就被大家和王戎相提并论：说有一次吏部郎这个官位空缺了，晋文帝问钟会谁比较适合，钟会说：“裴楷清通，王戎简要”，他们俩都很适合。于是裴楷就变成了吏部郎。

要知道，王戎那时早已成名，可是竹林七贤之一。这可是非常高规格的评论。

年少成名当然是需要资本的。出身名门自然是一条，而弱冠之年的裴楷，即便在名门之中都能闪闪发光，他“风神高迈、容仪俊爽、博涉群书、特经理义”，被当时的人称为“玉人”，大家都说：“在裴楷身边就感觉自己站在一座玉山旁边一样！真是闪闪发光啊！见到他我都不自觉严肃起来了呢！”

不知道是不是当时美少年太多，大家的词都夸不过来，竹林七贤的领袖嵇康也曾经被称作玉山，嵇康的著名好友山涛也曾经评论说：“我朋友康康太好看了！喝醉酒都好看！他喝醉酒的样子就好像玉山摇摇欲坠啊！”

不过，一下子顶着两位竹林七贤前辈的名号出山的裴楷，绝对可以称得上是一个“集美貌与才华于一身”的美少年了。

魏晋时期，学术体系大概沿袭两汉形成的“家学”体系，即一个家族有一套自己的对于六经之中的某一经的解释和理解。而裴楷作为裴氏少年一辈中的佼佼者，尤其擅长《老子》《易经》。

别小看这两本书,《易经》在讲究气数运理的儒学体系世界观中，地位自然是不必说。而在魏晋南北朝时期，老庄思想横行，你不悲观出世一点、不在其位不谋其事一点，你都不好意思抬起头做人。所以说，裴楷的这点学术倾向，基本上就可以让他在名士圈里站稳脚跟了。但真正让裴楷名声大噪的应该还是这件事了。

当时晋武帝刚刚登基，走流程占卜一下皇位能传多少代，结果得到了“一”这个数字，心态当时就崩了，所有大臣心里都慌得要命，可是啥也说不出来。

这时候裴楷简单地梳理了一下自己满脑子的《易经》知识，他整理了下自己的衣冠，清了清嗓子，像个主角一样不紧不慢地开口了:“臣闻天得一以清，地得一以宁，王侯得一以为天下贞。”一言以蔽之，陛下! 别难过! 这是好事啊! 大大的好事啊!

果然武帝一听开心了，所有人也都松了一口气。自此之后的裴楷官运亨通，不久之后就“拜散骑侍郎，累迁散骑常侍、河内太守，入为屯骑校尉、右军将军，转侍中”。

都说装逼是会上瘾的，裴楷发现:成为人群中的焦点的感觉——真好啊!

晋武帝平吴之后和大臣们讨论治世之道，裴楷站起来就是一顿“陈三五之风”、“叙汉魏盛衰之迹”，皇上说真好真好，大臣们也说真棒真棒。

一般爱出风头的人都相当爱管闲事，裴楷也不例外。

史书记载，这是一个专注于缩小贫富差距的大善人。但是囿于时代，裴楷的思维比较简单，不是发展经济，而是在中国古代非常流行一种侠客思维：劫富济贫！

说他每次到权贵家里玩，都要带走人家家里的好东西，然后自己家里的东西，也动不动就全部送给别人。

光是自己的还不够，梁王和赵王是当时很有权力的两个亲王，裴楷一合计："啊！有钱！"于是立刻上去请他们俩每人出钱百万来救济穷人。

这时候就有人看不过去了，说："裴楷啊！你用自己的东西救济穷人我们没意见，你这样子道德绑架敲诈勒索可是有点过分哦！"裴楷倒很有道理："天之道，损有余以利不足。"说劫富济贫是天的意志啊！这句话其实出于老子《道德经》，还有下半句："人之道，损不足以利有余。"

虽然现代社会法律精神的根本源于罗马法，核心在于"私有财产神圣不可侵犯"，但在中国古代社会的道德体系里，有钱人确实是有义务接济没钱的人的。

这只能说明裴楷的所作所为在当时的背景下没有太大问题，不能说明在今天还存有这种思想的人没有问题，毕竟时间的车轮在不停向前。

裴楷的爱管闲事还体现在他总是喜欢评论别人的是非。

石崇和裴楷没有交情。有一次长水校尉孙季舒和石崇喝酒，酒后失态，然后石崇就想要奏他一本子。这时候裴楷就跳出来救了孙季舒，说:“你喝了人家的酒还怪人家酒后失态，你有点过分了吧？”这是救人。

还有一次是搞人。

皇上有一次说:“我当皇帝哪里做得好哪里做的不好啊？”裴楷说:“陛下您哪儿都做得好啊，就是朝中还有贾充这样的奸臣，让人有点遗憾。”皇上一寻思，就把贾充外任了。

这个贾充什么人啊，八王之乱的罪魁祸首贾南风的爹，大大的奸臣。

爱出风头到管管闲事也就罢了，我们的裴楷，连临死之际都不忘记自己的表演——虽然几次没死成。

裴楷活到五十五岁，在那个年代还算长寿。传说他临死之前，家里在做饭的时候，黍在甑中像是被仙女棒操纵了一样变来变去“变如拳，或作血，或作芜菁子”。

但他在此之前曾经两次徘徊在鬼门关，而且这两次被杀的经历都和他的亲家有关。

裴楷第一次要被杀的时候，是因为他的儿子裴瓒娶了杨骏的闺女，但裴楷一直以来就看不上杨骏。杨骏掌握朝政的时候两人也没有啥往来，等到杨骏摊上事被杀了，裴楷却因为这桩亲事也被抓了起来要杀头。事发突然，大家都吓得要命，裴楷却想:“我要开始表演了!”只见他“容色不变，举动自若”，要了纸笔要开始写遗书。结果这次事情被侍中傅祗摆平了，裴楷大难不死，经此一劫被太保卫瓘和太宰亮称赞“贞正不阿附”，要封他为临海侯，食邑二千户，代替楚王玮去做北军中侯，升任散骑常侍。

楚王玮一听不高兴了，裴楷也不敢要啊，于是裴楷只是做了个尚书。

虽说没有抢楚王的位置，但楚王玮这一遭下来和太保卫瓘、太宰亮的梁子算是结下来了。甭管这次楚王有没有记恨裴楷，但裴楷和这两人都是亲家，肯定是躲不过去的，他只能请求出镇外地，祈祷楚王忘了这件事。

可楚王不是记性那么差的人，裴楷还没去上任，楚王那边立刻就假造圣旨要弄死太保和太宰，裴楷一听说他们的事情，终于忘记了这是一场表演。风度，不存在的！他驾着车连夜躲到了岳父王浑的家里，和太宰亮的小儿子一晚上换了八次地方，跑得腿都要断了，才终于逃命成功。

又一次，裴楷大难不死，留下一条命等到楚王玮被治罪死了，升任中书令、加侍中，掌管机要了。

但也许这些对于他来说也不算什么“后福”，因为他有“渴利疾”，当常侍的时候请求被贬为河内太守，当侍中的时候请求被贬为河南尹，和杨骏关系不好就想去当卫尉……晋昭帝听说了他的事迹之后很感动，就又升了他的官让他当光禄大夫……

裴楷：难受……

其他官员：举报我方裴楷……演员！

估计裴楷只会冷笑一声：哼，庸人们，“世间的事，除了生死，哪一件不是闲事？”

Show time!

犬系男友

潘安，

忠诚、可爱
时尚、元气

西晋著名文学家，“貌比潘安”中的男主角，公认的超级美男，走到哪儿都有少女们送花扔果，留下了“掷果盈车”的佳话。宠妻狂魔，模范老公，结发妻子死后，写下了多首感人至深的悼亡词。

05

模范老公 手把手教你秀恩爱

文/酒酿圆子

时间的车轮继续滚滚向前。

中国古代美男的代表，“貌比潘安”的男主角潘安，终于出场了！

潘安，著名美男子，西晋文学家，家世不算显贵，却也是儒学世家。年少时，他的父亲一直在各地担任基层官员，他就跟着父亲在河南、山东、河北等地到处游学，长大之后，就读于洛阳太学，是当时朝廷上一颗冉冉升起的政治新星。

然后他就郁郁不得志了。

为啥？这还要从当时的政治环境说起。

公元266年，曹魏政权正式垮台，司马昭的儿子司马炎接受傀儡皇帝曹奂的禅让，登上大统，国号晋。自此，中国历史上最短命的大一统王朝——西晋，隆重登场。

潘安生活的时代，距离竹林七贤的风流刚过去不久，政局稳定，国家统一，再加上新任皇帝司马炎性格宽和，不太爱搞文字狱，名士们终于迎来了言论自由的春天。俗话说一朝天子一朝臣，司马炎带头享乐，底下的大臣们还不得一个劲儿的骄傲放纵。于是西晋自上而下，掀起了一股拜金比美的风潮。

潘安正是当时引领风气的佼佼者。

原因很简单，因为他帅啊！

潘安帅到一个什么地步呢？史书上记载他“美姿仪，少以才名闻世”。咦，这话听起来有些耳熟，之前的大名士何晏、嵇康等人，走的都是这条年少成名的刷脸路线，不太稀奇。比较特别的是，潘安特别受当时妇女同胞的欢迎。年少时他常常带着弹弓在洛阳城中四处游玩，洛阳城里的妹子们见了他，都手拉手地围着他，不让他走，那热闹场面，堪比今天的明星演唱会。

“潘安我爱你！”除了言语示爱之外，少女们还纷纷将手中的瓜果扔向潘安坐的车。少女们的投喂技术不错，没将潘安砸死，反而让潘安装了满满一车水果回家。

嫉妒使我面目全非。

帅得人神共愤的潘安，不仅现在我们看了嫉妒，当时的人看了也艳羡不已。同时代的大文学家左思见了，也想效仿一番。左思人长得丑，但是有才华，写篇文章都能造成洛阳纸贵，不愁没有粉丝买账。

志得意满的左思，乘着车出发了。走着走着，迎面过来一位中年大妈，瞧了他一眼之后，吐了口口水："呸！"

左思："？"

这跟说好的剧本完全不一样啊！没办法，就算才高八斗，可长得太丑，洛阳人民还是不买账。被吐了满脸唾沫的左思，郁闷地无功而返。

作为一名爱美的文艺青年，潘安一直在权臣贾充的手下讨饭吃。一次，晋武帝司马炎心血来潮，为了表示新年新气象，他亲自到田边耕种。说是耕种，其实只是走走过场，做一下面子工程。底下人一看，皇帝都亲自去种田了，这种拍马屁的机会，怎么能放过！于是文人学士纷纷上表歌功颂德，潘安也不例外，他立刻写了一篇文采斐然的《籍田赋》送了上去。

千穿万穿马屁不穿，这篇拍马屁的文写得力度适中，又文雅含蓄，潘安自我感觉很良好。没想到的是，这篇文司马炎没看到，被他的顶头上司抓了个正着。

顶头上司很生气，你一个小屁孩拍马屁拍得这么好，让我们其他人怎么办？还给不给人活路了？生气之余，将潘安贬去河阳做了县令。

倒霉的潘安不仅没有等来上头的嘉奖，反而被贬到偏远郊区当了县令，实在令人郁闷。这时候他刚过二十岁，还不太懂官场上才不外露、韬光养晦的道理。

美男子潘安到了河阳，依然是当地一道靓丽的风景线。他当县令的时候，觉得河阳水土怡人，非常适合种桃花，于是号召全县人民一起种桃花。

普通老百姓们能吃饱饭就不错了，哪有闲心思去种花。但潘安长得帅，他说起话来大家爱听，人们纷纷在家门口种起了桃花，一时间河阳县成了当地著名的旅游风景区。

在潘安之前，花都是用来形容漂亮女孩子的，由于潘安种桃花种出了大动静，人送外号“河阳一县花”、“花县”，潘安从此成为花样美男的代名词。

明明可以靠脸吃饭的潘安，偏偏还有些小才华，老天爷就是这么的不公平。

潘安文章写得很好，《晋书》中说潘安“少以才颖见称，乡邑号为奇童”、“总角辨惠，文藻清艳”。

潘安的才学，虽然比不上嵇康、阮籍他们，但好歹也是当时数一数二的神童，写下了《西征赋》《秋兴赋》《寡妇赋》《闲居赋》《悼亡诗》等不少名篇，甚至因为文章写得太好，遭人排挤。

不受上司待见的潘安，郁闷地在河阳继续种桃花。没想到的是，在基层干部的位置上，他一待就是十年。十年过去，而立之年的潘安早生华发，两鬓斑白，年少时的热血已冷，宏图抱负渐渐离他远去，他想的，更多的是如何摆脱眼前的窘境，爬到更高的位置。

他的想法不难理解。人年少的时候，都有很多理想，想要改变世界，随着年纪渐长，逐渐发现自己的幼稚可笑，不如耕好眼前的一亩三分地。十年的郁郁不得志，让潘安从一个理想主义者，变成了一个现实主义者。

这时候，一个改变潘安命运的人出现了——石崇。石崇是当时西晋有名的巨富，又十分有才华，跟潘安的私人关系很好。

按理说，石崇只是个生意人，有钱任性，但政治地位不高，好朋友仕途不得志，他也没办法。巧合的是，当时的政局，为潘安提供了一个平步青云的机会。

司马炎去世后，曾说出过经典名言“何不食肉糜”的智障太子司马衷继位。很快，大权就落到了皇后贾南风的手中。一人得道鸡犬升天，贾南风掌权的时候，凡是跟贾家沾亲带故的，通通升官发财，贾南风的外甥贾谧更是成为了朝中的实权人物。贾谧为人潇洒风流，喜欢舞文弄墨，结识了当时一大帮文人骚客，其中跟他关系最好的，就是大富豪石崇。

朋友的朋友，自然也是朋友。在石崇的引荐之下，潘安很快抱上了贾谧的大腿。

贾谧一瞧，哎哟这小伙子不错，长得帅又有才华，给他升个官做做！于是潘安重回洛阳，由一个偏远地方的小县官变成皇帝面前的红人，走上了人生巅峰。

有金钱权利的地方，就会聚集起人脉，这一道理从古到今，屡试不爽。石崇与贾谧两人周围很快团结起了一大帮名士，时人称为“金古二十四友”。比起竹林七贤，潘安这帮玩在一起的朋友，竟然有二十四人之多！

跟竹林七贤的随性不同，这二十四友是个人数规定严格的文人小团体，代表着当时炫富方式的发展方向，代表着当时文学的最高水平，一般人压根就挤不进这个圈子。

二十四友中，有我们非常熟悉老朋友的左思，还有陆机、陆云、刘琨等著名的大文豪，随便拿出来一个人都能撑足场面。在这样的环境里，文艺男青年潘安简直混得是如鱼得水，日子过得不要太开心。

朋友有了，豪宅金谷园也修建得漂漂亮亮，石崇跟贾谧一合计，不如我们开个 party 吧！

公元 296 年，金谷园召开了一次规模极大、人数众多的高级文学聚会。征西大将军的祭酒王诩从洛阳返回长安，石崇知道了，便邀了一大帮朋友来给他送行。

这次送行聚会，足足邀请了三十人，由于盛况空前，被载入史册，成为后人争相膜拜的对象。后来王羲之搞兰亭集会，就是受了这次雅集的启发。

这么多人，聚在一间带花园的豪宅里，没日没夜地干吗呢？

放心，主人石崇早已准备好了一切。

进来的客人别忙着喝酒，先来弹一首曲子。

大才子潘安率先上台弹琴，欧阳健、刘琨、陆机等人则在一边击筑鼓瑟，为他喝彩。这种场合，要是没啥音乐细胞怎么办？别急，旁边还有专业的乐师给大家伴奏呢。

一曲终了，灵感来了挡也挡不住，潘安借着音乐的余韵，赋诗一首。石崇一听，这个题目不错不错，我也来赋诗一首，大家都参与一下。若是做不出诗来，旁边漂亮的侍女会适时地递上一杯美酒："公子，罚酒三杯哦。"

这次雅集，持续了几天几夜，金谷园的假山上、湖水边、宅院里，处处都留下了这帮人的足迹。美酒佳人，琴棋诗词，人生得此，夫复何求！

这次大家写的诗，汇总成了一本小册子《金谷诗集》，畅销全国。主人石崇专门为此写了一篇《金谷诗序》，来纪念这次聚会的盛况。在这篇序言中，石崇“感性命之不永，惧凋落之无期”，人生苦短，生命无常，不如纵情的享乐吧!

当时的文人，大多也是如此心态。竹林七贤时代，嵇康、阮籍的风采还在，文人们尚且有几分风骨，经过司马氏几次屠戮之后，大家都学会了安静如鸡，保命要紧，不太掺和政事。

西晋建国之后，奢靡之风盛行，文人们享受惯了，也懒得去忧国忧民，人人都信奉“士当令身名俱泰，何至以翁牖语人”，意思是读书人要名利双收，才称得上是人生赢家，那种穷得自己都吃不上饭的苦学问家，大家都瞧不起。

所以二十四友中众人的文学成就虽高，但大多数文章要么拍贾谧的马屁，要么描述奢侈富饶的生活，脱离了广大人民群众的审美趣味，也缺少内在的精神与灵魂。就像是外表漂亮的傀儡娃娃，内里空空如也，看多了难免腻歪。

大才子潘安自然也在这次聚会中留下了不少作品。他写了一首《金谷集作诗》，这首诗十分邪门，最后一句“春荣谁不慕，岁寒良独希；投分寄石友，白首同所归”，隐隐约约地预示了两人之后的命运。

这人啊，都是趋炎附势的。你发达的时候，人人来投奔，等你失势了，没人理你。石崇兄，今天我将这枚象征友谊的石头送给你，愿能跟你一同白头偕老死去!

感人至深的友谊。

不久之后，潘安将为两人的友谊付出性命的代价。

不管怎么说，这时候潘安才貌双全，仕途得意，荣登洛阳最受欢迎帅哥排行榜第一名，人生尽欢，春风得意。

天有不测风云，金谷园雅集之后不久，他的结发妻子杨氏突然去世了。

潘安与杨氏十二岁订婚，婚后感情好得不得了，完全没有第三者插足的机会。杨氏去世之后，潘安觉得自己的人生瞬间缺了一块，走到哪儿，眼前都浮现出杨氏的倩影。思念之余，他写下了几首名垂千古的悼亡诗，开创了一大文学创作的新题材。因为创始人潘安的悼亡诗全在写妻子，导致后来大家一看到悼亡诗，就知道肯定是在怀念妻子，不可能出现别的事。

在那个三妻四妾大家习以为常的时代，潘安竟然从此未娶，印证了我们现在的一句戏言——长得帅的男孩子，反而不会出轨。因为他们看习惯自己的美貌，不太容易被其他美色诱惑。潘安就是这样一个文采斐然、帅气逼人、专一深情的绝世好男人。

放到今天，就是模范老公的课代表啊!

失去了爱妻的潘安正郁郁寡欢，那边好朋友石崇的日子也不太好过。石崇与贾谧两人的最大靠山——贾南风，仗着皇帝是个傻子，淫乱宫闱，给皇帝戴了十年绿帽子，大臣们一忍再忍，终于忍不下去了。

导火索是废太子一事。

贾南风自己没有儿子，也见不得其他人好过，她一直看太子司马遹不太顺眼。公元 299 年，贾南风终于找到了一个机会，以皇帝司马衷以生病为由，召太子进宫。

不明所以的司马遹傻傻地进宫了。一进来，没见到自己的父亲，反而被几个宫女拉着喝酒。

“等等，我进来是看父亲的啊？”司马遹一头雾水。

宫女们笑嘻嘻地道："就是皇帝下诏让您喝三升的酒呀！您不喝，就是忤逆不孝！"

司马遹还没意识到自己陷入了圈套之中。既然父皇有令，喝就喝吧。他酒量不太好，喝了不到三升就醉得不省人事。蒙眬之中，有宫女上来递给他一份手稿，说是皇帝有令，让他将手稿抄一份。

喝醉酒的司马遹，不疑有他，乖乖地抄完了。这份手稿写的啥呢？自然不会是什么好话。在这封手稿里，司马遹大逆不道地让皇帝赶紧自杀让位，皇后贾南风也一起去死吧，都别碍事，我要继位！

这份手稿的原作者，正是才貌双全的花美男潘安。只能说，潘安确实不是当官的料，没什么高明长远的政治眼光，以为拍拍马屁就能终生荣华富贵，他还是太天真了。这样爆炸性的文章一出去，简直是往西晋虚假繁荣的朝廷里投下一枚重磅炸弹，作为执笔者的他，能脱离干系吗。

这事经过贾南风的大肆宣传之后，太子司马遹被废。

朝中大臣们都怒了，这么小儿科的陷害手段，贾南风你当大家都是傻子吗。大臣们手无实权，没办法跟贾南风抗衡，但那些手握兵权的司马家宗氏们，可不是好惹的。公元 300 年，赵王伦、孙秀联合齐王司马冏起兵闹事，他们闯进宫去杀了贾南风跟贾谧，轰轰烈烈的"八王之乱"拉开了序幕。

二十四友中，首先遭殃的就是潘安。

不仅是因为他名气大，更重要的是，他曾经得罪过孙秀。若干年前，孙秀曾经在潘安的爸爸手下做过跑腿的，孙秀是个小人，潘安十分看不起他，言语侮辱不说，还找机会毒打了他一顿。

这一场毒打，孙秀记恨了十余年。

有冤报冤，有仇报仇，在小人孙秀这里，以德报怨这种奇迹不存在。现在赵王司马伦掌权了，他孙秀也跟着扬眉吐气，是时候找潘安算账了。

还有一个人也不能放过，孙秀又将目光转向了石崇。早听说石崇有个漂亮的侍女绿珠，得要过来。他派了使者去找石崇要绿珠，石崇坚决不从："绿珠是我最喜欢的女人，不能给你们！"

使者奇怪了，一个女人而已，至于这么小气么？他温婉地劝石崇："现在孙秀大权在握，还是别得罪他的好。"

石崇依旧拒绝。孙秀知道消息之后大怒，找了个借口将石崇、潘安几人通通抓了。他的手下闯入金谷园抓人的时候，石崇苦笑着对绿珠说："我是因为你获罪的啊！"

绿珠当即跪下，满脸泪水："愿效死在君前！"

说完便从高处跳下，坠楼而死。

士为知己者死。对绿珠而言，石崇不是外界看到的暴发户，不是处处留情的风流浪子，石崇是她心尖上的那个人。

潘安临刑时，在刑场碰见了石崇。两人都内心一惊，百感交集。潘安对石崇说："没想到当初一语成谶，咱们真的死在了一块！"

石崇摇头笑笑，没有说话。

当日，两人的全族被屠。从此，世间又少了一段美好的传说。

狐狸系男友

王衍，

看起来乖巧可爱

实际腹黑狡猾。

西晋著名清谈家，出身于大名鼎鼎的琅琊王氏，外表清秀，风姿文雅，官居要职，为当时的士人领袖。王衍好老庄学说，解读玄理时，手里常常拿着一把玉拂尘，就算讲错了，也能机智地圆回来，人称“口中雌黄”。

06 救命，《世说新语》作者是我的「黑粉」

文/一只仓舒公

《世说新语》言语篇中记载了这么一个故事，说有一天谢安和自家人聚在一起讨论育儿，他问大家说“孩子们关你们什么事啊？为什么非要把他们培养得这么优秀啊？”大家鸦雀无声，此时车骑将军谢玄就趁机抖了个机灵说：“譬如芝兰玉树，欲使其生于庭阶耳。”

谢玄“芝兰玉树”一语固然有自夸之意，但不得不承认，谢安与谢玄所属的陈郡谢氏，确是东晋“芝兰玉树”集中生长繁殖的地方之一，而另一个大的“芝兰玉树”养殖区，就是琅琊王氏。想当年王谢两家在乌衣巷里比邻而居，那就是一大堆芝兰玉树挤在一起……简直就是人间仙境。

今天我们要起底的国民偶像，就是琅琊王氏的颜值扛把子——王衍。

王衍字夷甫，是西晋时期名士界的天王级偶像，拥有那个时期一切偶像应该具备的素质——玉树临风、才高八斗、善于清谈、又出身于名门贵族，是曹魏幽州刺史王雄的孙子、平北将军王乂的儿子、也是司徒王戎堂弟……更是后来能够与皇帝平起平坐的丞相王导的族兄。

传说王衍容颜极美，举止高雅不群，他说话的时候手里拿着玉柄麈尾，肤色与玉色竟然不差分毫。粉丝们的描述就让人更加心驰神往了——《诸公赞》记载“夷甫好尚谈称，为时人物所宗”；竹林七贤之一的王戎认为他“神姿高彻，如瑶林琼树，自然是风尘外物”；东晋名将王敦夸奖他“如珠玉在瓦石间”；著名画家顾恺之更说他气节高尚，如“岩岩清峙，壁立千仞”……

听到了画家小顾的描述，一位叫石勒的“黑粉”愤怒地指责他骗人，并……用墙压死了这位国民偶像王衍。

是人性的扭曲还是道德的沦丧？欢迎关注今日说八卦之——王衍的“黑粉”们到底在“黑”什么？

首先，开门第一条，是他怂，超级无敌怂，怂到被点名批评。

《晋书》记载，王衍小时候长得特别好看，他去拜访山涛，山涛却叹气说：“何物老妪，生宁馨儿！然误天下苍生者，未必非此人也。”当时王衍“有盛才美貌，明悟若神”，谁都觉得这孩子咋看咋好，山涛一说这话，大家都觉得他杞人忧天，然而五十多年后的后赵君主石勒，短短几月就对王衍盖棺定论，说他“破坏天下，正是君罪”，并最终下定杀心。一代偶像美则美矣，卒，享年56岁。

后世人说以王衍为首的西晋名士清谈误国，可是当时人人清谈，为什么他就这么醒目得惹人讨厌呢？

还不是因为他非常怂。

俗话说“能力越大，责任越大”，一个平头百姓怂没有错，可一个天资聪颖的少年，出生名门、又位居宰辅还怂得要命就有点说不过去了——贾后权可遮天时，他把女儿嫁给太子，贾后被废，他又马不停蹄地请求离婚，努力与太子撇清关系，结果还被别人一本子参上去判了个终生禁锢。八王之乱时，他劝东海王司马越依赖地方长官，却以此为名将族人安排在重要岗位，希望在乱世中以此自保；司马越去世，大家让他当元帅，他害怕贼寇，说自己淡泊名利不愿意做官；王衍被石勒俘虏，问他西晋覆灭的原因，他分析得头头是道，却一个劲地甩锅。

石勒本身还挺喜欢他，觉得他挺有本事，可是他接着又开始“见人说人话，见鬼说鬼话”，说自己从未参与过政事，并劝石勒称帝。这回……连敌方将领都看不过去这么大一根墙头草，为民除害了。

“人之将死其言也善”，王衍临死的时候说：“吾曹虽不如古人，向若不祖尚浮虚，戮力以匡天下，犹可不至今日。”

他什么都明白，就是怂得气人。

两晋时期遍地白骨累累，连年战火导致人口骤减，人人都生活得提心吊胆——在这样暗无天日的夜里，不知道王衍的怂，又有多少是绝望呢。

上面这段也不能算洗白，他还是怂，可是除了怂之外，他还有非常做作的人设和偶像包袱！

作为国民偶像的王衍，深刻地明白“喜欢一个人，始于颜值，陷于才华，忠于人品”的道理。他决定从这三个方面开始入手，实施自己的“吸粉三部曲”。

王衍作为琅琊王氏的颜值代表，（除了像其他名士之外擦擦粉减减肥之外）完全靠天生丽质；才华方面，人见人夸的玄言圈大佬也不是吹出来的，据说他在讨论玄理时，凡是觉得不妥当就马上更改，这就是成语“信口雌黄”的典故……

在“忠于人品”这一环，王衍也是尽心尽力，永远一副淡泊脸。

传说有一次他托人办事，那人好久没消息，又一次聚会上王衍看见他了，就问了一下，结果直接被那个人拿着酒杯就往他脸上砸。王衍一话不说自己清理干净，完全没有生气。还有记载，王衍和裴邈性格不合。裴邈三天两头上门挑衅，但王衍始终不动声色。

这到此为止，可能有人会有疑问了，这有什么“黑点”吗?

别急，现在还没有……可是，在“忠于人品”这个环节，王衍稍稍有一点用力过猛：王衍从来不提钱，他妻子为了试试他会不会说钱，就用钱把他包围了。王衍早晨起来看到钱后说：“把这些东西拿走！”

表演元素重了吗? 其实是因为王衍的妻子热衷于财物，四处强征暴敛，王衍看不下去，才赌气一样绝口不提。

恩……这样看，是不是还有一点可爱。

其实啊……人设这种东西，要是坚持个一天两天做作一点也顶多是个笑料，要是坚持了一辈子……也有点厉害啊。

至于第三条的话，估计粉丝还会把这个算作萌点……这一条就是：他是个——

传说彭城王司马权有一头非常宝贝的牛，王衍把这头牛赢走了。司马权超级心疼地跟他商量：“你要是骑的话我可以给你，但是如果你想吃，我可以拿 20 头上好的肥牛跟你换。”

王衍深深地为司马权与牛的感情动容，然后……就把牛吃掉了。

吃掉了……

我好像已经看见司马权咬着小手绢抱着小被子一脸生无可恋的丧尸脸了。

你要是觉得他只是一个满足于这样小恶作剧的重口味少年那就错了——他一心自保，一心为家族打算，为琅琊王氏的崛起立下汗马功劳。

其实王家的崛起从《二十四孝》里卧冰求鲤的故事就已经开始了，

那个故事的主角王雄是王衍的爷爷，为王家树立了道德的榜样，最后终于在王衍这一代执掌大权。而使王家真正能够举足轻重，并能够在南渡后有“王与马共天下之称”，全仗上文已经提到过的那件事：王衍将家族中的人安排到荆州、青州的位置上，为王家奠定了得以崛起的物质基础。

八王之乱，天下大变，王衍被世人唾弃死在了墙下，王家却从此走向了鼎盛。

有些事情……总得有人做啊！

就是这么一个又怂又做作又腹黑的偶像，粉丝不仅遍布当代，还祸害了后世……

梁秋实在回忆亡妻程季淑的《槐园梦忆》里写，他很想念她，老是觉得亏欠她。

他觉得“惟将终夜长开眼，报答平生未展眉”，他说“圣人忘情，最下不及情，情之所钟，正在我辈，”他说圣人可以忘记感情，最蠢笨愚钝的人根本理解不了感情，只有我们这样的人最深情。

这句话是王衍说的，那时候他的小儿子死了，他的朋友去安慰他，叫他不要伤心。

他说：“我怎么可能不伤心啊！”

他说：“情之所钟，正在我辈。”

一个很怂又很现实的人吧。从为国家考虑的角度来说，真是糟糕透了，可是又有点奇怪的个人魅力，所以才能一直吸粉啊！

兔系男友

卫玠，

草食系动物、柔弱可爱
性格温顺

西晋玄学家，古代众多美男子中最倒霉的人。卫玠身体羸弱，拥有魏晋最受欢迎的病态之美，几乎人见人爱，每次出门必造成全城大堵车，最终酿成“看杀卫玠”的悲剧。

07 疯狂粉丝制造惨案 国民偶像急送120

文/最安神

卫玠，字叔宝，出生于魏晋南北朝时期，是中国古代四大美男之一。

众所周知，魏晋南北朝时期，小国繁多，民风开放，帅哥那更是遍地都是。但就在这诸多帅哥之中，没人能盖过卫玠的美貌。

卫玠从小就长得十分好看，像是玉石雕刻出来的一般，不像凡人。他脸上又没什么表情，喜怒不行于色，总体来说，就是一个三无少年。

三无少年因为颜值太高，从少年起就受到了全国人民的广泛关注。只要他出门，就会有成群结队的百姓围着他观看，为他的美貌所震惊。那个时候粉丝只想离偶像的生活越来越近，甚至是想加入偶像的生活，所以三无少年被围观的烦闷生活，我们可想而知。

骠骑将军王济是卫玠的舅舅，本人长得英明神武，帅气逼人。每每见到卫玠还是觉得惭愧，说感觉“珠玉在旁”，自己变得黯淡无光了。有传闻，卫玠的俊美已经超越了男女的界限。爱美之心人皆有之，走在大道上不论男女，看见卫玠都要多看上两眼，再赞美两句。如果那个时候有卖偶像周边的商家，肯定在三五年之内就发家致富奔小康了。

卫玠的祖父卫瓘，在晋惠帝时位至太尉。父亲卫恒是著名书法家。出自书香门第的卫玠从小就受到了良好的教育，擅长玄理，是著名的清谈学士。

清谈在魏晋时期是一种有名的谈话形式，其实就是我们现在所说的辩论。不愁生计的上层人士聚集一堂，按照观点分为两派，针对本和末、有和无、动和静等哲学问题进行争辩。

当时的人们都觉得这是个十分清雅的事情，知识分子嘛，总想用自己的学识压倒对方。后世人普遍认为，魏晋南北朝时期的清谈，其实没有什么用。那些论点大多假大空，不切实际，只是浪费时间的空谈罢了。

刘桢在《赠五官中郎将》中曾形容这种清谈为“清谈同日夕，情盼叙忧勤”。刚开始，大家还会认真地讨论老庄之道，到了后期，这种讨论开始慢慢变味了，有的时候竟然讨论起穿衣打扮和家长里短来。这种行为和长舌妇聚众嚼舌根有什么区别。

想象一下，一群穿着雅致，眉目精巧的男人坐在一起窃窃私语：

“哎，你知道老李家隔壁那个老王家的媳妇出轨了吗？”

“啊！就是那谁家的大闺女，怎么能不知道呢！”

“哎呦，你也知道！”

“那当然！那是我表姑的四姨的干儿子表弟家的孩子，这都沾着亲戚呢！”

“这么近！那你快给我们讲讲……”

我们不会知道当时他们究竟聊了什么具体的八卦，但是庸俗程度可能和这个差不多。

一群文人坐在一起拉家常，装一天两天还行，一年两年过去了，自然有人会提出异议：你们这不就是天天瞎胡闹吗？

基于这种情况。卫玠的父母就更不希望儿子去参加这种讨论了。卫玠原本就身体孱弱经不起折腾，况且我这儿子神仙一样的人物，怎么能和你们说这些有的没的。况且这么多人聚在一起，情绪激动的时候就容易说出一些比较敏感的政治话题，若真是被有心人听去，直接上报给朝廷，那岂不是得不偿失吗。

不过就算是清谈，也是要用学识为底子来支撑的。卫玠擅长辩论，富有逻辑，还是得到了朝廷的注意。起初，卫玠不愿意为官，再三拒绝了国家的招募。到后期实在没办法了，入宫当了个太子洗马，算是仁至义尽。

说到太子洗马这个职位，有的人就要问了：好好的美男子，给太子洗什么马啊？我们卫玠这么宝贵，怎么还能让他进宫去干粗活呢。

这里的太子洗马，可不是字面意义上的给马搓澡。太子洗马是当时辅佐太子的一个官职，官至三品。洗马，就是在马前驱驰的意思，特指太子的侍从官，教授太子政事、文理的官员。卫玠年纪轻轻就成为了太子洗马，可见他除了长得帅，学识也是过硬的。

上天总是公平的。卫玠虽然长得好看又有才华，但是从小体弱多病，十分孱弱。

卫玠的母亲怕儿子用脑太多身体越来越差，就不太允许他说话，尤其是和别人谈论一些费脑子的事情。

逢年过节的时候，卫玠才会说上几句，说的话也是精妙异常，让人叹服。晋代有位名士叫做王澄，与王玄、王济一样都有盛名。王澄为人又很清高孤傲，轻易看不上别人的观点。听了卫玠的话以后深深为之折服，每次听到卫玠的言论，就叹服得连连叹气，直接被圈粉了。在场的人都说："卫玠谈道，王澄倾倒。"后来民间就有了"王家三子，不如卫家一儿"的说法。

当然，王澄到底是彻彻底底的倾倒，还是受到了卫玠超高颜值的影响，我们不得而知。长得好看的人总是要被这个世界多善待一点的，更何况是卫玠这种举世无双、男女通吃的好看呢。

公元 310 年，中原战乱四起。卫玠考虑再三，当即决定带着家眷搬到南方。当时他的哥哥不肯走，坚决要留下来抵抗，结果被匈奴人杀死了。卫玠的妻子也死在这场迁徙中，古代人搬个家可真难啊。

不过宇宙无敌大帅哥是不会缺媳妇的，后来正南将军山简见到了卫玠，大吃一惊，说："哎呀，这个年轻人也太帅了吧！而且说话声音好听，谈吐非凡，以后一定能成就大事！"于是当即把女儿嫁给了他。两家门当户对，直接喜结良缘。

卫玠虽然是历史上出名的美男子，但史书上对卫玠的记载却很少，寥寥几笔就概括出了卫玠短暂的一生，引人长叹。不过卫玠在历史上确实没有什么丰功伟绩，比不过秦皇汉武、唐宗宋祖，他只是一个思维敏捷，长相俊美的年轻人罢了，这样的一辈子，除开英年早逝，在旁人眼里也未必觉得可惜。

卫玠还有一个在民间广为流传的事情：他是被人活活给“看死”的。

这里的看死，可不是说什么镭射眼，一道红光过去把卫玠给劈断气了。这里的看死，还真就是拿眼睛给看死了。

前面有提到过，卫玠这个人虽然博学多识，但是身体不好。朝廷对他三番五次的工作邀请，都被卫玠回绝了。

卫玠说我这人不想去进京当公务员，我这身体不好，三天两头就得请病假，一个月三十天我休二十九天半你们也不能同意，我就不过去了。但是朝廷就认准了卫玠有能力，非要把他叫过去，给你官、给你钱、还给你京城三环小别墅。卫玠胳膊扭不过大腿，就答应了，去南京当我们前面说过的太子洗马。

南京人民一听，乐坏了：我们长这么大都没见过几个好看的男人，更别提这个宇宙无敌大帅哥了，以后可以大饱眼福了！

其实这种心态，我们也可以理解。古代又没有微博推特 ins 什么的，想看个帅哥，哪有那么容易。如今，偶像本人住进了南京城，在理论上就等于和粉丝睡一张床，共度春宵什么的就算了，不去看简直天理难容啊。

于是南京人民对卫玠的到来表示出了极大的热情，只要卫玠出门，身边就会里三层外三层地围上人。其中不光是女性，男性也大有人在，大家都像去动物园看孔雀一般看卫玠，一边看一边咂舌：啧啧啧，世界上怎么会有这么好看的男人。

卫玠原本就是三无少年，见到这么多人围着自己，更是惊慌不已。

他每天出门，都要被数十双、甚至是数百双眼睛盯着，一举一动都有人盯着，穿了什么衣服第二天马上烂大街成为流行款。

那个时候又不像现在，明星周围都有十几个保镖跟着，不开心了就找个僻静的地方度假，再不济还能发个微博控诉一下这种不人道的追星方式。但是卫玠不行，他只能强忍着，打掉牙往肚子里咽。

在这种情况下憋久了自然会生病的，况且卫玠本来身体就不好，如今精神压力过大，更是飞快地病倒了，之后直接重病而亡。

当然，还有另外一种说法。说卫玠遇见王敦，两人相谈甚欢。卫玠这人从小被父母管得特别严，也没怎么尽兴地唠过嗑，这下可好了。

他和王敦两个人畅谈许久，从天黑聊到天明。结果卫玠身体不好，因为过度劳累直接病倒了，不久之后病逝。如果是真的，那卫玠的身体真的孱弱到了极点，是历史上第一个聊天聊死的人。所以说，要听妈妈的话。

卫玠如此长相，如此谈吐，却英年早逝，想想也觉得可惜。从小就有人说他是玉人，说他不是池中物，说他是神仙一般的人物。没准卫玠真的就是下凡渡劫的仙人呢。为了看遍人世间的美好，短短地来一遭。

熊猫系男友

王献之

人见人爱
后台强硬高富帅

东晋书法家，高干子弟，书法达人王羲之的第七个儿子。少负盛名，聪明好学，留下了“十八口大缸”“管中窥豹”等勤奋好学的典故。后因气度不凡被选为驸马，被迫与结发妻子离婚。

08

被皇帝逼着「劈腿」什么的，我也不想

文/最安神

早春微凉，冷风丝丝缕缕地在院子里盘旋，迎春花嫩黄的花瓣在有些凝结的空气中微微颤抖。

突然一个少年兴致勃勃地从房间里冲出来，开心地大叫："我写完了！我写完了！"少年眉目英俊，俊俏非凡。袖子挽至肘上，清秀的面庞上蹭了一点墨水。

门口的仆役揉着惺忪的睡眼问他："您写完什么了啊？"

少年得意洋洋道："那十八口大缸的水啊！我小的时候问爹爹，什么时候自己写字才能像他写的一样好，他说我只要把那十八口大缸里的水都用完了，我就出师了！"

说罢，他不再理一脸迷糊的仆役，转身冲进房间里急匆匆地铺开一张新纸，拿起毛笔说："好，我要写一些字，让父亲母亲都看一看！"

少年真的写了厚厚的一沓字。或许他真的太希望得到父亲母亲的称赞与夸奖了吧。他抱着自己的心血，激动不已地冲到父亲房前，希望得到父亲的一句肯定。

没想到父亲只是略翻了翻，然后叹了口气，在他的“大”字底下点了个点，变成了个“太”字。

少年没想到自己如此努力，却只换来了父亲的叹息与无奈。他不服气，拿着字又去找母亲，打算让母亲评评理。因为害羞，他隐瞒了父亲点下的一点。

母亲到底还是比父亲耐心多了，拿起纸张仔细斟酌揣摩了半天，她看了看儿子，明白他对于书法的热情与喜爱，试探着说："练了这么久，还是有一点像你父亲的。"

少年凑过去看，发现母亲的手指正指着父亲加上去的那一点，顿时羞愧万分。从此，他不再浮躁，十年如一日地练字，希望自己能成为超越父亲的书法家。

这个少年，就是历史上赫赫有名的王献之。而他最后也确实与父亲王羲之齐名，并称为“二王”。

王献之又名王大令，字子敬，小名官奴，是山东人，是王羲之的第七个儿子。从小活泼可爱，冰雪聪明，成年之后英俊非凡。琅琊王家在历史上原本就美男子众多，这王献之更是众多人中的佼佼者。也是，王羲之自己本身就帅得感天动地，儿子们又能差到哪去呢？

众所周知，王羲之是有名的书法家，儿子们受到他的影响，也都从小习字，长子王玄之，擅草书和隶书；次子王凝之，也擅长草书和隶书，他的妻子是历史上有名的才女谢道韫；三子王涣之，擅草书，字迹和父亲最像；四子王肃之，曾参与过兰亭集会；五子王徽之，在书法上有极大的突破与成就；六子王操之在当时也很有名气；小儿子王献之，则是在书法上有最高成就的一个。

从年少时期，王献之就表现出了自己在书法上的天赋以及极高的热情。他七八岁的时候练字，注意力非常集中，就像我们小时候看动画片一样，眼睛都不眨。他爸王羲之从后面经过他都没有发觉。王羲之一时兴起，突然想拔儿子手中的毛笔，结果王献之握笔很牢，王羲之没有抽掉。

或许是真的开心，或许是为了掩饰自己没有恶作剧失败的尴尬，王羲之清了清嗓子夸儿子："你以后一定会有出息的。"

通过这个故事我们得知：一，写字的时候笔要握牢；二，不要让爸爸单独带孩子；三，只要你反应够快，是绝对可以避开一些尴尬的局面的。

听到父亲夸奖的王献之非常开心，下定决心好好练字，成为超越父亲的书法家。三年、五年、十年，数十个春夏秋冬轮回而过，当年的小少年已经成为了挺拔的青年。终其一生，他都在书法的海洋中遨游，不曾有一天的懈怠。

不过王献之留下来的笔墨并不多，最直接的原因还是因为唐太宗更喜欢王羲之的字，对王献之的字有一些偏见。此处可以看出金主爸爸的重要性。

说起王献之的美貌，史书上并没有过多的着墨。但我们从一句句短小精炼的话语中，还是能推断出王献之是一个非常英俊的男子的。

时间过得飞快，小少年初长成时，迎娶了自己的表姐郗道茂，两人从小一起长大，情真意切，志趣相投，可以称得上是佳偶天成了。我们无法得知当年的婚礼有多么盛大，但是王家与郗家在当时都是有些权势的家族，两家联姻，必然不会随随便便的。婚后，小夫妻二人感情也非常好，没有任何矛盾，两人淡泊名利，醉心于书法，在不愁吃不愁穿的情况下游山玩水，自得其乐，要是放在现在，估计会成为网红夫妻。两人婚后生了一个女儿，取名玉润，不久后夭亡了。夫妻二人悲痛万分，再无所出。

然而天有不测风云，事情发生的比我们想象得还要突然。有一个女人，喜欢上王献之已经很久很久了。这个人就是东晋简文帝司马昱的第三女司马道福，史称新安公主。

新安公主年少时期就倾慕于王献之，一心一意想嫁给王献之给他生孩子。可惜天不遂人愿，当时朝廷碍于桓家的权势，不得不将新安公主嫁给桓温之次子桓济，来稳定家族的统治。新安公主一千个不愿意，也不敢反抗命令，只得委委屈屈地嫁了。后来桓济自己作死，想谋杀叔父桓冲，事情败露后被流放了。

这下好了，再也没有人能阻挡她司马道福了！小公主当即放弃了前夫，跑回宫中，央求皇太后与皇上，希望他们能帮助自己成就了这段姻缘。

可当时王献之是结了婚的呀！人家是生活幸福的有妇之夫，凭什么说换媳妇就换媳妇。

结果皇帝一纸诏书下达：令王献之休妻再娶。

这下王献之蒙了，王献之青梅竹马的妻子也蒙了，这人在家中坐，祸从天上来。

王献之重情重义，不愿意迎娶新安公主，他早就答应了发妻一生一世一双人，凭什么现在要因为个任性的公主就要变卦。他思前想后，到底还是不敢直接反抗圣旨，把整个家族的脑袋当做儿戏，于是只能想了个最差劲的办法——自残。

你新安公主喜欢我，不就是喜欢我的皮相吗？好，我现在变成个残疾人，看你还嫁不嫁。王献之当即用艾草烧伤了自己的双脚，让自己变成了一个货真价实的瘸子，进宫回复："臣有残疾，不便娶公主。"

新安公主笑了：别闹了，我喜欢的是你的脸和你的才华，你就是瘸子我也嫁给你！

事情到了这一步，就再也没有挽回的余地了。王献之的原配妻子只得背起行囊离开了家，临走时可能哭了，也可能没哭——有的时候心碎了，就没有眼泪可以流了。

从历史记录中我们可以得知，王献之终身都对这件事有着极大的愧疚。《晋书》中记载，王献之曾经在给郗道茂的书信中写道："虽奉对积年，可以为尽日之欢，常苦不尽触额之畅。方欲与姊极当年之足，以之偕老，岂谓乖别至此！诸怀怅塞实深，当复何由日夕见妹耶？俯仰悲咽，实无已无已，惟当绝气耳！"

我当年原本想着与你携手终老，没想到世事无常，你我竟然走到了这步，说起来全都怨我。

王献之那时候迷恋修仙，长年吃一些乱七八糟的药。脚被艾草熏伤之后也反复感染，他在信中常常嚷嚷自己脚疼，疼得厉害时总是想起发妻来。

他与新安公主的婚后生活应该不幸福，因为王献之直到四十一岁，才与新安公主生下了一个女儿，取名王神爱，也就是后来晋安帝司马德宗的皇后。

司马德宗是有名的痴呆皇帝，连吃喝拉撒睡都不能自理。公元 412 年，王献之的独女崩于徽音殿，时年二十九岁，谥安僖皇后，没有子嗣留下。

郗道茂的事情几乎影响了王献之的一生。四十三岁那年，他的脚伤越发严重，知道自己命不久矣了。家里的人为他请来了道士做法，希望他能好好地离开。

那个时候，人临死之前会向道士说一些自己懊恼的事情，有点像基督教向神父忏悔。

王献之忏悔道："我这一辈子做事情，都凭着良心，没有一丝一毫的出格。只有我的表姐、我的发妻。我对不起她，我罪无可恕。"

之后，他闭上眼睛，悄然仙逝了，享年四十三岁。

这就是大书法家兼美男子王献之的一生。他的感情生活我们无法去评价，我们也没法说新安公主如愿嫁给他是否就真的那么快乐。那是属于王献之的一个谜，只有他自己才知道。

狮子系男友

慕容冲

唯我独尊、自尊心强、想要的一定会得到、全力守护重要的东西

鲜卑人，五胡十六国时期西燕国君主，号称“五胡十六国时期倾国倾城第一美男子”。慕容冲是前燕皇帝慕容儁的儿子，前燕被前秦灭国之后，成为前秦君主苻坚的娈童，后一心复仇，传奇性地由娈童逆袭成了皇帝。

十六国时期西燕国君主，鲜卑人。

09 娈童，我拒绝

文/最安神

说起慕容冲，许多女性要开始按捺不住了。没错，史上美男千千万，每一个都能拿出来脑补三五段情史，但那些故事，只能止步于笔者的编撰和后人的遐想。像慕容冲这样出身皇族，后真真切切被收到后宫做娈童的，还真是不常见。

慕容冲，小字凤皇，鲜卑族，是前燕景昭帝慕容儁之子，前燕幽帝慕容暐、西燕烈文帝慕容泓之弟，十六国时期西燕第二位皇帝。

慕容氏一家可以称得上是当时的明星家族了，由于有外族血统，慕容家的子孙各个都长得肤白貌美，剑眉星目，慕容冲更是世间罕见的俊美，容貌令群星失色。

但就是这样一位天资过人的小皇子，走上了寻常人不曾走过的荆棘之路。

公元 370 年，慕容冲十二岁的时候，前燕被前秦所灭。当时已为中山王的慕容冲一夜之间成了俘虏，与众位哥哥姐姐们一起被押解上路。对于皇子慕容冲来说，容貌只是他璀璨人生中的一笔点缀，但是对于阶下囚慕容冲来说，美貌则成为了会带来噩梦的累赘。

当时的秦王苻坚一眼便看上了慕容冲的美貌，竟直接将年仅十二岁的慕容冲与慕容冲的姐姐——十四岁的清河公主纳入后宫。这等事情不论是放在什么时候，都是要受到天下人的嘲弄的，然而苻坚不以为然。于是十二岁的慕容冲，就这样成为了苻坚的娈童。

《晋书·载记第十四》记载："初，坚之灭燕，冲姊为清河公主，年十四，有殊色，坚纳之，宠冠后庭。冲年十二，亦有龙阳之姿，坚又幸之。姊弟专宠，宫人莫进。"

娈童，其实就是男妓。想当年受尽万千宠爱的小皇子如今不得不要用肉体取悦敌人，这是怎样的耻辱，又是怎样的绝望啊。然而慕容冲坚持了下来，数年间，他与姐姐清河公主独占后宫，非常受苻坚的宠幸。史书有云："一雌复一雄，双飞入紫宫。"说的就是这姐弟俩。

慕容冲与姐姐的得宠自然给家族带来了莫大的利益。连三岁小孩都知道，建立新朝时，新帝必定会对前朝遗留下来的皇族采取强硬手段，或斩杀、或流放，总之就是要斩草除根，以绝后患。秦王苻坚却像是被这姐弟二人迷了心智一般，不但法外开恩善待前燕留下的皇族，还将他们其中的一些人委以重任。而慕容冲则是在被"包养"的情况下，变得越发冷血多疑，直至性格开始扭曲。

好在天无绝人之路，慕容冲在宫内被苻坚宠幸几年后，在十五岁那年，终于在王猛的建议下，得以脱离娈童的身份。

当时民间有童谣："凤凰凤凰停在阿房。"

因为慕容冲的小名是凤皇，苻坚听到这童谣就十分想念慕容冲，恨不得一道圣旨把昔日的床伴叫回来。他坚信凤凰"非梧桐不栖息，非竹子的果实不吃"，于是就在阿房附近种了数万根竹子和梧桐，盼着凤皇慕容冲能早日回到自己身边。

由此可见苻坚还不是一般的痴心，那是相当的痴心。

然而事情不会像苻坚想象的那样顺利，凤皇没来，灾祸来了。在公元 383 年，著名的淝水之战爆发了。

秦兵败，苻坚在外敌的猛烈进攻之下无暇再去管制境内各族，他当年脑子一时短路留下的祸患——慕容一家开始反击了。

慕容垂、慕容泓二人先后起兵造反。慕容冲一看：报仇的机会终于来了！当即起兵相应哥哥，兄弟二人战无不胜，从潼关一路打向长安，磨刀霍霍向苻坚。

终于，这对昔日的"情人"在阿房相遇了。苻坚种下的代表爱情的根根绿竹，在慕容冲眼中只是羞辱与痛恨。他没有丝毫怜悯，只期望自己有一天可以手刃苻坚，血洗这份耻辱！

按理说苻坚也是一代骁勇善战的枭雄，白金王者终究是白金王者，不会因为一场失利就掉成倔强青铜。但是苻坚可能是在淝水之战中受挫太大，心中有了不可磨灭的创伤，他似乎开始自卑起来，并很恐惧战争。

在兵临城下之时，苻坚给慕容冲送了一件衣服，说："天冷，你原路而来也没带什么，加件衣服吧。"

我们永远不会知道苻坚是否是真的爱慕容冲。或许他真的爱慕容冲，或许他只是想通过这件衣服劝慕容冲念念旧情，想想他的好和他对前燕皇族的包容。

慕容冲见到衣服的时候会是什么表情呢？他会流泪吗？还是轻蔑地大笑呢？苻坚如同尖刀一般的爱，割断了他所有的骄傲，将高高在上的小少年打落到尘土中，然后告诉他："我爱你。"

这份爱像是裹了蛆虫的锦缎，他慕容冲不想要，也不稀罕要。

他当即拿刀，将苻坚送来的衣服割得一道一道的，每一道都混着悲愤与决绝。俗话说，割袍断义。我是不是只有碾碎了这绫罗，才能断了你的情？

仔细想想，苻坚可能真的脑子不太好。这个时候了，苻坚还要特意送东西让慕容冲想起两人同床共枕的岁月。他是不是从来都没想过，成为一个娈童，对慕容冲来说是一种凌辱。

得到慕容冲反应的苻坚恼羞成怒。当年的那个小男孩脱离了他的管制，让他十分不爽。狗养上几年还会摇尾巴呢，这慕容冲，竟然是个养不熟的白眼狼！苻坚当即下令，斩杀城内遗留下来的前燕皇帝与上千的鲜卑人。

慕容冲听到哥哥的死讯，知道再没有回头路了，便自立为王，在阿房城登基称帝，史称西燕。

慕容冲并没有轻而易举地攻下长安，毕竟苻坚戎马一生，也不是吃素的。

燕国与秦国的军队经历了数次的交战。在交战中，苻坚曾有幸再次见到慕容冲一面。那时的慕容冲，已经不是他脑海中的那个十五岁的温润少年了，那时的慕容冲浑身浴血，眼中透着狠厉与决绝。

苻坚看着自己种下的竹子，史书没有骗人，竹子真的将他的凤皇盼来了。只可惜此凤皇已经不是栖息在他身边的小鸟，而是从地狱归来的修罗慕容冲。

苻坚高举宝剑，对自己的惨败难以置信，他问慕容冲："我当年对你的好，对你家人的好，你都忘记了吗？"

慕容冲冷冷地回答他："你可以投降。你投降了，我对待你苻氏族人，会比你当年对我还要好。"

苻坚气得几乎吐血，大叫："我当年就应该听话，杀了你们全家！"

那时，慕容冲带领着大批兵马盘踞在长安城外很久，使长安城断尽粮草。城中百姓没有什么吃的，甚至开始吃人肉，就连士兵，都没什么好吃的。没有吃的人都活不下去，更别提打仗了。长安城中怨声载道，军心涣散。

在这种情况下经过血战，慕容冲终于杀进长安。而赫赫一世的秦王苻坚此时已经逃离长安，将所有烂摊子甩给了自己的儿子。苻坚躲在一处寺庙中，想着东山再起，却没想到部下早有反心。兵败不久，枭雄苻坚被部下勒死在一所寺庙中，终年四十八岁。

按理说，加害人死了，慕容冲该满意了。

但是属于慕容冲的报复并没有结束。或许在他的眼中，整个世界都成为了他的敌人，因为在他最痛苦最无助的时候，没有人站出来帮他一把。

他痛恨长安，痛恨这个承载了他所有屈辱的地方。或许是他天性如此，或许是三年的娈童生活改变了他，这个受尽苦难的少年登上王位，开始了他的血腥统治。

在他的报复下，关中与长安血流成河，死者不计其数，绝望的百姓们开始吞噬人肉，如鸟兽一般四散逃离。那些伤害过慕容冲的人，全部惨死在他的屠刀之下，慕容冲在垒垒尸骸上终于展现出了他全部的疯狂。

登上王位的慕容冲并没有展现出他的政治头脑。他因为惧怕慕容垂，声称自己喜欢住在长安不愿意离开，导致鲜卑人全部都在怨恨他。

公元 386 年，慕容冲因为政治冲突被部下杀死。此时距离他报仇雪恨之日，只过去了短短的八个月。

我们无法去评价慕容冲的人生，他的一生太过跌宕起伏，让听者瞠目结舌。

从天之骄子，到娈童，到专宠后宫，到攻下长安，再到被杀，慕容冲短暂的人生如同受了诅咒一般，无人可解。

我们无法去批评他，因为他经历了非人的苦难，艰难维生。我们也不能称赞他，因为他终究还是走上歧路，从被害者，成为加害者。我们只能说，慕容冲是一个花一样好看的少年，他度过了璀璨的一生，然后飞快地凋零，只留下了几片落瓣，和空气中隐隐的余香。

马系男友

谢混，

性格认真、情感专一

内心文艺

东晋重臣，出身于东晋名门大族谢氏，祖父是大名鼎鼎的谢安，侄子是山水诗创始人谢灵运。少有美誉，擅长写文，人称“东晋第一美男”“江左风华第一”。后娶晋陵公主为妻，婚后两人琴瑟合鸣，感情极好。

10 文艺男青年的折腾之路

文/一只仓舒公

公元 383 年，风流宰相谢安装了一个足以留名青史的 X。

那一年前秦苻坚组织了 93 万大军来犯东晋，意欲统一全国。

那一年谢安的兄弟谢石、侄子谢玄领导的“北府军”受命对抗前秦。

两军在淝水一地相遇，展开了激烈对战。

那时候的谢安在家里下棋，当仆人告诉他谢琰打了胜仗的时候，他连眼皮都没有抬一下，只是淡淡地说：“哦，孩子们打了胜仗啊。”接着面色如常、下棋如故。

这雍容的气度、这谪仙一般无悲无喜的傲然风姿——却被《晋书》毫不留情地打了脸说：他装作淡定地下完棋，跑回屋里的时候走路都开始飘了，跨过门槛的时候鞋子掉了都没发现。

这是谢安装 X 不成反被打脸吗？醒醒！那可是谢安！隐居东山携

妓同游的谢安！与友人泛舟忽遇风雨大作而吟啸自若的谢安！四岁时就被名士桓彝评论说“不比王东海差”的谢安！四十岁出仕名震天下的谢安！连当时执政的会稽王司马昱都看出他的抱负认为他一定会应征出仕的谢安！

他忍了四十年都可以不动声色，何以遇见这件事就如此不淡定？

因为他是谢安。

他清楚地看见了这件事之后陈郡谢氏的光明前景：此后谢氏一门四公，荣宠极盛，连琅琊王氏都不能与其比肩。

而我们的主角谢混，此时此刻正作为太傅谢安的孙子、会稽内史谢琰的儿子，幸福地生活在庞大的家族的庇护下，沉迷于“诗与远方”，整日吟诗作画，偶尔游山玩水，日常拒绝皇帝辞诏，是个十足的文艺青年。

谢混，字叔源，小字益寿，陈郡谢氏之中赫赫有名的美男子，号称“江左风华第一”。

和现在的大多文艺青年一样，谢混也骄傲又天真。他骄傲地享受着世人锦上添花的赞美，天真地以为自己鄙视权力的姿态优雅又从容。

和现在的大多文艺青年不一样——他们大多在生活的屡次打击之后认清了现实，妥协于现实，承担起了原本以为累赘的责任、青睐起了当初不屑一顾的权力——谢混不是，他文艺着，并且文艺得至死不渝。

要知道，但凡才貌兼具的文艺青年一般有一种特殊的魅力，可以吸引腿长腰细的妹子前赴后继。

而我们的文艺青年谢混出生于陈郡谢氏，基因自然是没的说，甚至号称江左风华第一，在陈郡谢氏这种玉人扎堆的地方都亮瞎你的眼。

据《南史·谢晦传》记载，连刘宋开国皇帝刘裕见到他和他的从侄谢晦站在一起时，都忍不住赞叹说："一时顿有两玉人耳。"后来，刘裕因为政治原因亲手杀了谢混，却又在登基时后悔不已，因为他想让谢混在登坛之日举着玉玺，让后生们见见这种绝世风流，倍有面子。

在谢混的美貌面前，有一个叫王彧的小伙子算是比较惨的。

《南史》记载，王彧长得特别好看，袁粲见到他感慨说："你真好看啊！"这时候有一个小时候见过谢混的客人十分不屑，说："好看是好看啊！可是要是在谢混面前，这种姿色就跟个农夫没什么区别了！"

袁粲还挺上道，赶紧说："哇！真想见见啊！"

仔细想想，用今天的话来说，这位客人的言行就是严重的ky了，估计王彧也是表面笑嘻嘻，内心哭啼啼。说起来不知道是什么毛病，那时候记载美男都要找个绿叶来衬托一下，同样的故事还发生在嵇康的儿子稽绍身上，说有个官员说："嵇绍真好看啊！"立刻又有一个人蹦出来说："那是你没见过他爹！"

（嵇绍与王彧：不开心！）

……不管怎么说，反正谢混的美貌是板上钉钉了。

可是偏偏谢混又不靠脸吃饭，他拥有一打一打的才华。

《晋书·谢混传》说谢混"少有美誉，善属文"。

沈约说："叔源（谢混的字）大变太元（文学）之气。"

钟嵘虽然说谢混"才力苦弱，故务其清浅，殊得风流媚趣"，只将谢混定位中品，可是……那个写下《桃花源记》的陶渊明也被钟嵘定在中品啊！

谢混流传至今的只有三首诗，其中《游西池》中"景仄鸣禽集，水木湛清华"一句，便是清华大学校名"水木清华"的来历。

这等才力容貌，我参考了一下"西晋时期著名美人潘安出街，满街的小姑娘冲着他的车里砸水果"的事迹，推测出这位谢混大美人应该有一大票粉丝满街追着唱《征服》吧?

而现实是——没有! 一个都没有!

原因呢——也是非常非常简单：这个小伙子被皇上看上了!

……不……不是你想的那样……

皇上是看中他做女婿了!

《晋书·谢混传》记载当年孝武帝为晋陵公主找驸马，有人提起了谢混，皇上说："他这样的就不错!" 没过多久，皇上驾崩之后，又有个官员想把女儿嫁给谢混，立刻有人提醒他说："卿莫近禁脔!"

这里的"禁脔"是东晋时期的典故：东晋建国的时候四处都在打仗，国家没有钱，就是大官也很难吃到肉。偏偏晋元帝很喜欢吃猪脖子上的肉，于是所有官员杀猪以后都不敢吃猪脖子上的肉，都留下来献给晋元帝吃，从此这块肉就被叫做"禁脔"。

这时候的大美人谢混，被比作了一块肉……这对于我们狷介清高的小文青谢混来说，有点难以接受吧。

而且皇帝指婚，没得选择的余地。谢混这时候内心大概是有一点点的难受，不过好在晋陵公主应该也是个很不错的小姑娘，婚后谢混与公主举案齐眉，相当和睦，更何况谢家家大业大，谢混的父兄一辈又相当给力，谢混继续过着他无忧无虑的文青日子。

说起晋陵公主的父亲孝武帝驾崩，又忍不住插一句——孝武帝的死因实在是太糟糕了。《晋书》记载，孝武帝平时品行就不端，有一天醉酒后吐了张贵人一身，张贵人给他收拾的时候有点没控制好自己的正常生理反应，流露出些许恶心。

这皇上怎么能忍，他立刻嫌弃她年老色衰。

话说冰冻三尺非一日之寒，张贵人是新仇旧恨涌上心间，越想越气，越想越不能忍，结果正巧宫女也很恶心皇上，众人一拍即合，用被子把皇上闷死了……

这倒和后世嘉靖皇帝的死因有异曲同工之妙啊。

当名士、娶公主——文青谢混的日子很简单，就是吟吟诗、作作画、旅旅游、再拒绝拒绝皇帝的征诏。如果一切正常，这大概也是谢混一辈子的生活轨迹了。

可是天不遂人愿，公元 400 年，会稽兵败，谢混的父兄同时罹难。

这件事对于谢混来说，远远不止失去了挚爱的亲人这么简单，这也意味着一直以来养尊处优的自己，终于没有了可以依赖的人，这么多年父兄苦心经营的谢家，现在落在了他的肩上——谢家全族上下一千多张嘴，现在全都得指着他来喂了!

他慌了，因为这是他从未接触过的新兴领域，他忍着悲痛，不得不扛下谢家的命运，接受了父亲的爵位，终于不能拒绝皇帝的指派，当上了中书令。

当谢混接过家族中的事务时他才发现：北府军的领导权已经不在谢家的手里了!

这么多年父兄勉力维持的谢家，已经不可避免地在走向衰落——可他的记忆中谢家还是那个“不出仕则已，一出仕则威震天下”的爷爷谢安还在时的谢家。他觉得自己也可以变成那样力挽狂澜的传奇人物，他就这样带着一个文青对世界的憧憬和希望走上了政治舞台。

而之后的经历自然有在所难免的心酸。司马道子、司马元显父子有意打压谢家；北府军将领野心勃勃……他发现官场不像诗文画笔一样可以轻易地控制，他发现自己根本不适合这一切，他开始变得无助又绝望。

但是不可否认的是，文青谢混是做过努力的。可惜收效甚微。

他又开始变成那个小文青，在乌衣巷里与天下名士谈论诗酒，他假装自己不在意权力，假装自己是因为不努力而不是因为努力了也做不好。

他开始发现生活有很多无可奈何。

《世说新语》记载，桓玄想要改建谢安的老房子，谢混说："西周时的召伯在一棵海棠树下办公，后人就不舍得砍这棵树，我爷爷谢安的德行，居然连自己的家都不能保全。"听了谢混说的话，桓玄觉得很羞愧，终于放弃了这个想法。

谢混这时候的想法开始融会贯通了，他知道，当时公主嫁给他，当时他被比作"禁脔"、现在桓玄不改他爷爷的房子，都是他们的一念之差，而他不过是讨他们欢心的一个小人物罢了。他可能会想起临死了还在刑场举办演唱会的嵇康老前辈，当时三千太学生向昭帝请愿留他性命，嵇康还是死了……名士的狷介清高，在这些有权力的人眼里什么都算不上。

可是偏偏他谢混又和嵇康不一样，他身后曾经烜赫一时的谢家不允许他任性。

终于，文青谢混体验到了所有文艺青年在直面血淋淋的现实时的纠结。

在谢混决定做个"能忍胯下之辱的大人"，还是继续做个"拥抱理想的文青"的关键时刻，刘裕补了关键性的一刀：他抓到了杀谢混父兄的张猛，送来给谢混处置。

谢混的处置方式也让人大跌眼界：他剖开张猛胸膛，生吃了张猛的肝脏。

乍一听有点血腥，但多绝望啊——在政治上打压自己的刘裕送来了杀他父兄的仇人——就是这个混蛋啊！杀死了我的哥哥和我的爹爹啊！如果他们还在的话他们会知道现在该怎么办的！

可是只懂诗词歌赋的谢混不懂。

后来刘裕势头起来，明眼人都看出来这个人已经执掌大权了，谢混还一意孤行，以至于他的族弟都觉得他是个脑残和他往来越来越少，最后终于被刘裕所杀。

这个人可是谢混啊！江左风华第一的谢混啊！他会连这么明显的事情都看不清吗？对，有可能他真是太不适合政治以至于真的看不清，可是还有一种可能，便是他完成了一个文青的自我献祭，他选择了做一个殉道者，和嵇康一样，殉于理想。

他这一生都不屑于权力啊，却被权力追着吊打了一生。

他终于还是选择了做一个文艺青年。

后世说起魏晋的名士，赞一句“魏晋风骨”。可是这魏晋风骨一下子概括了多少东西，大概也包括了曹操《蒿里行》里的“白骨露于野，千里无鸡鸣”。魏晋连年战争，东汉末人口统计的结果是5600万，到了三国末只剩下800多万，西晋初短暂达到了1600万，八王之乱后又迅速减少了一半以上……魏晋风骨，是对乱世的抗拒，是对云波诡谲时局的抗拒，也是对朝不保夕生活的抗拒。

魏晋风骨，源于乱世，苦于乱世。

最后再来说说晋陵公主。

谢混死了之后，公主被迫改嫁，二婚对象也很牛：王练，官至侍中，琅琊王氏的出身，非常有语言天赋，一岁会说话，还能听懂外国人讲话（胡语），外交能力也很强。扔在人群中，大概也是钻石一样闪闪发光的。

元稹说：“曾经沧海难为水，除却巫山不是云。”

公主想：对对对。

晋陵公主坚持不懈地请求回到谢家，在她行至暮年白发苍苍之际，刘裕终于答应了她的请求。

公主改嫁后谢家一直是远亲谢弘微在打理，打理得风生水起，以至于后来谢家家庭会议都认为这钱应该完全属于谢弘微，可谢弘微却坚持分文不取，全部留给了公主和她的孩子们。

最后，谢弘微的儿子谢庄穷到连房子都没得住。

独孤信

文武双全、喜欢冒险

决断力强、判断准确

鲜卑人，出身显贵，历任西魏、北周大将。长得帅，擅长骑射，战功卓越，兼通文武之道，在军营中有“独孤郎”的美称。有次他不经意地戴歪了帽子，引得人人争相效仿，留下一段“侧帽风流”的佳话。由于家族基因好，独孤信的三个女儿分别成了北周、隋朝、唐朝的皇后，堪称“国民岳父”。

11 国民岳父 快跪下叫爸爸

文/最安神

独孤信，原名独孤如愿，字期弥头，从名字我们就能看出来，这次介绍的必定不是一个中原美男。没错，他是一个鲜卑人，生于北方。

所以独孤信一开始其实并不叫独孤信，而是叫独孤如愿的。那么他为什么改了自己的名字呢？原来这独孤信，是历史上出了名的有情有义。北周文帝宇文泰为了褒奖他这种顶呱呱的美好品质，特意赐名为信。

至于独孤信自己觉着哪个名字好听，那就是他自己的问题了。

独孤信的祖父追随北魏贺拔氏而兴起，父亲独孤者则是受人敬仰的领民酋长，在当地极有声望。简单来说，独孤信就是官二代，不说家世显赫，但也算是衣食无忧。独孤信的相貌十分俊美，喜欢打扮自己，关注美妆与时尚，常常用色彩华丽造型独特的服饰打扮自己，引领了一方潮流。军中的士卒们都尊称他为独孤郎。放在现在，估计是个有一大波粉丝、天天上热搜、一出机场全是大炮照相机的热搜小偶像。

独孤信不但长得好看，还骁勇善战，十分擅长骑射。明明可以靠脸吃饭，偏要靠才华多吃几碗。他起初是葛荣的部下，在葛荣被击败后又追随尔朱荣，单枪匹马生擒袁肆周、大败元颢党羽，立下了赫赫战功。官阶自然也像是坐了火箭一样，突突突往上蹿，先后担任了二十多种高官要职，可以说是集美貌才华于一身，如果参加相亲节目，一定二十四个女嘉宾二十五个爆灯。

虽说独孤信本人就十分优秀，但是说他没有靠脸占过便宜，那太假了。独孤信刚刚投奔尔朱荣的时候有个同期，叫高欢。两个人明明是同时而来，却因为颜值差距过于悬殊，一个当即成为了将领，一个只能做普普通通的小卒。高欢恨啊，却又不能说什么，只能每天看着独孤信在自己面前耍帅，没准还得露出尴尬而不失礼貌的微笑跟着鼓掌。

然而风云突变，好好的尔朱氏“刷”地一下，说没就没。彼时，高欢已经成为了北魏孝武帝身边的权臣。在一次争斗中，贺拔岳被高欢设计杀害，关中留下了一拨兵。贺拔氏可是独孤信的老东家，当即派遣独孤信去接手这批小兵，守护好我方水晶。结果独孤信赶去一看，发现士兵们已经自己推选出了统帅，统帅还是自己的发小——宇文泰。发小相见，聊天可以解决一切问题。独孤信和宇文泰愉快地解决了问题，独孤信一人返回洛阳。宇文泰就留在关中，慢慢壮大，同时也变得十分叛逆，根本不听高欢的管教，像青春期一样，说摔门就摔门。

后来，孝武帝当傀儡也当够了，就来投奔宇文泰。独孤信心中的忠义之血瞬间沸腾了：老婆，不要了！孩子，留给老婆了！他抛弃妻子，一个人连夜追上了孝武帝。这种行为不管是在古代还是在现代，都可以被称之为渣男的行径了，不过孝武帝倒是对这件事非常的感动，觉得独孤信重情重义，忠于自己，因此十分看重他。

之后，独孤信任卫大将军、都督三荆州诸军事，兼任尚书右仆射、东南道行台、大都督、荆州刺史。虽然是荆州刺史，但是在当时，荆州这个地方，实际上是被敌军东魏占领了。独孤信在荆州对战时大讲利弊，发动了终极辩论技能，使得荆州民心涣散、军心动摇，最终敌方被独孤信一举击破。

但真正的战争不会如小说中一般遍地主角光环，独孤信的胜利没有持续多久。东魏敌军突至，独孤信寡不敌众，带领众将士逃至南梁，一躲就是三年。直到三年以后，方接到梁武帝的赦令，回到北方。

回到北方的独孤信十分惭愧，自愿上书请罪。朝廷中自然也成立讨论小组，将独孤信的功过一件一件拎出来讨论，最后下了结论：独孤信虽然做错了事，但是好事也干了不少。降罪于你显得我们太不人道，况且你这人长得又好看，重情重义，就功过相抵，去当骠骑大将军吧。

之后独孤信追随宇文泰再度征战沙场，在军队中得知了父亲去世已久的消息。所以可见，独孤信虽然是个忠将，却不是个孝子，更别提被他抛弃的原配妻子和被囚禁了二十年的儿子了。独孤信的长子独孤罗在独孤信离开时还是襁褓中的婴儿，因独孤信的逃离而被高欢囚禁，直至独孤信死后才被释放。初被释放时，独孤罗什么也不会，幸得同父异母的妹妹独孤伽罗施以援手才勉强维生，后继承了父亲的爵位，晚年富贵。此子性格温顺，寒酸时被弟弟们嘲弄也没有丝毫的不满，但是他心中是否会对父亲存有一丝恨意呢。

公元 540 年，独孤信再度成为大使，抚慰三荆。秦州这个地方的官吏向来昏庸，根本不管老百姓的死活，积压下来的冤案一叠压着一叠，根本没人管，整个秦州怨声载道。

独孤信来了以后，将所有的冤假错案全部解决了。之后又教化百姓，大力发展农业。粮食足够了，秦州就渐渐地富裕起来，百姓们都很感谢他，也有周边慕名而来的百姓自愿归附，荆州在独孤信的带领下逐渐走向了小康。朝廷十分高兴，下赐了许多礼物嘉奖他，并给他赐名为“信”，奖励他忠信一生，重情重义。

之后独孤信又立下了赫赫战功，名满天下。直到 556 年，西魏恭帝拓跋廓被迫禅位于宇文泰之子宇文觉。宇文觉即位，建立北周，是为孝闵帝。

当时被称为“八大柱国”之一的赵贵不满于晋国公宇文护专权，与独孤信密谋斩杀宇文护。没想到兵败暴露，独孤信受赵贵谋反一事牵连，死罪难逃。宇文护早就厌恶独孤信功高盖主，但念独孤信名望太高，怕杀了他自己被全天下戳脊梁骨骂，就赐下毒酒，让他自己在家偷偷自尽，终年 55 岁。至此，美男子将军独孤信的一生就此终结。

隋文帝称其：“风宇高旷，独秀生人，睿哲居宗，清猷映世。宏谟长策，道著于弼谐；纬义经仁，事深于拯济。方当宣风廊庙，亮采台阶，而世属艰危，功高弗赏。眷言令范，事切于心。”

不过，说起独孤信，除了“美男”之外，独孤信还有一个更加有名的称号。

他是历史上最厉害的岳父，因为他的三个女儿，都贵为皇后。长女独孤氏，北周明帝宇文毓的皇后，谥号明敬皇后；四女独孤氏，唐高祖李渊之母，追封元贞皇后；七女独孤伽罗，隋文帝杨坚皇后，谥号文献皇后。三代皆为外戚，这真是历史上头一份了，更别提独孤信这个“史上第一老丈人”了。

三个女儿都十分出色，尤其是小女儿独孤伽罗。也就是隋文帝杨坚的皇后——文献皇后，在政治上非常有头脑，与隋文帝并称为“二圣”，也是出了名的严妻，令隋文帝“虚嫔妾之位，不设三妃”。隋文帝一生钟情于独孤伽罗，两人生下五儿五女，伉俪一生，在历史长河中极为罕见。只可惜夫妻二人错信次子杨广，使隋朝就这样败在了刚愎自用的隋炀帝手上。

从女儿们的归宿上就可以看出，独孤信是一个十分有谋划的人，且政治敏感度非常高。长女嫁给宇文毓时，宇文毓还未得势。幼女嫁给杨坚时，杨坚也只是一个长相英俊的官二代而已。但独孤信慧眼识英才，将三个女儿的作用发挥得淋漓尽致，用姻亲关系在乱世中站稳了脚跟。

诸侯与诸侯之间联手，那可谓如虎添翼，若是再挺个一二年，独孤信势必会成为只手遮天的名臣，在历史上留下浓墨重彩的一笔。只可惜时运不济，一时大意，最终还是落得个被赐毒酒的下场。

另一方面我们也可以看出独孤信的颜值究竟到了多么惊人的地步：三个女儿无一例外，皆出落得如花似玉，倾国倾城。就算是再考虑门当户对，大家结婚还是要看脸的。三个女儿都嫁得这样好，可以说独孤信的颜值是有一定保障的。

独孤信一生不但有着不凡的颜值，还能征善战，有着敏锐的政治头脑，不愧为一代传奇人物。

《周书》上对其的评价是：“独孤信威申南服，化洽西州。信著遐方，光照邻国。……并以雄才伟略，附凤攀龙，绩著元勋，位居上衮。而识惭明哲，咸以凶终，惜哉！信虽不免其身，庆延于后。三代外戚，何其盛欤。”

这就是一代美男子独孤信的故事了。有传闻孤独信年轻的时候有一次事急，没来得及整理衣冠，帽子歪戴着就出门了。结果第二天，街上有许多人都学他的样子歪戴帽子。那时的独孤信鲜衣怒马，英姿勃勃，多么得意。只可惜繁华转瞬即逝，空余高山大河繁花骏马，不见当年朗朗少年郎。

猫头鹰系男友

韩子高

冷静谨慎、为人低调
实力深藏不露

南北朝时期陈朝人，出身低微，家中世代以做鞋为生。由于容貌艳丽，长相阴柔，陈文帝十分喜爱他，为他起名为“子高”。韩子高军功卓越，颇具胆识，为陈文帝的江山稳固立下了汗马功劳。

12

年度最励志大戏开播

文/一只仓舒公

韦庄《思帝乡》写:“春日游,杏花吹满头,陌上谁家年少足风流。”

时间倒回到南朝梁时期，年轻的韩子高绝对有资格说一句:“我我我。”

那时候正赶上侯景之乱，就是一个投降了南朝梁的胡将侯景举兵叛乱了，还饿死了梁朝虔诚事佛的梁武帝。

此时天下乱作一团，八方英豪抽刀而起，百姓更是艰难求生。那时候的陈文帝陈蒨，是一个血气方刚的小伙子，在袖子里藏着小刀子，天真地想要取侯景的狗命;那时候的韩子高，是一个战战兢兢的老百姓，慌慌张张地寄居在京城里，担心着明天和永恒哪一个先来。这时候他们还不认识。

那是南朝梁承圣元年，侯景之乱被陈蒨的叔叔陈霸先和后来的敌人王僧辩率军平定了，热血青年陈蒨被派去做吴兴太守，平头百姓韩子高在河边等着搭军士们的顺风车回家乡。

“缘，妙不可言。”陈文帝就这么遇见了韩子高。那时候的韩子高“年十六，为总角，容貌美丽，状似妇人”。陈文帝陈蒨也是一上来就问他说“能事我乎？”韩子高答应了。

这时候的韩子高只是个平头百姓，那时候的平头百姓没有什么正经名字的，韩子高也一样，只有一个小名叫“蛮子”。此时此刻，陈文帝替他取了名字叫“韩子高”。

这么一个场景，很容易让人想到这种台词：“那年杏花微雨，你问我愿不愿意跟你走。”

时至如今的韩子高，随着去年年度大戏的热播而以“男皇后”“男宠”形象深入人心。实际上，明朝以前的韩子高，是个很正经的忠臣。他忠于文帝、安邦救国，十六岁起跟随文帝就恭谨有礼、勤于侍奉、十分善于察言观色；大了一点学习骑射武艺，胆识过人，逐渐开始帮文帝带兵打仗，曾经在州城文帝讨伐张彪之时救了文帝的性命，立下汗马功劳；后来又打了不少仗，逐渐声望尊隆，直到文帝去世，高宗继位，韩子高被诬告谋反，赐死时年仅三十岁。连《陈书》也评价他“无爽于臣节”。

韩子高的形象转化和兰陵王有异曲同工之处，就是都是由历史进入艺术的时候被进行了艺术加工。王世贞《艳异编》直接把他编进了《男宠部》，还有王骥德的《男王后》更是定了腔调，而冯梦龙的《情史》中，不仅描写韩子高的外貌说他“容貌艳丽，纤妍洁白，如美妇人。螓首膏发，自然娥眉，见者靡不啧啧”，更是以相当少儿不宜的叙述，把韩子高写成了一个靠美貌和身体上位的“妖孽”，还做出了一首现在流传很广的诗，说是陈文帝写给韩子高的：“昔闻周史，今歌白童。玉尘手别，羊车市若空。谁愁两雄并，金貂应让侬。”说要立他为男皇后，最后却因为多方压力放弃了。

这时候大概有人不乐意了："无风不起浪！你说韩子高是个正经人，我就记得人在电视剧里边跑边脱衣服强行露出自己那一坨根本不存在的腹肌……你说是明朝的笔记小说作家搞事情，那人家咋不把兰陵王说成是男宠呢？"

很好，问题来了：为什么韩子高的形象就被妖化到了这种地步？

我觉得这主要有两个原因。一，正史的叙述确实有可乘之机；二，韩子高的出身问题。

第一点的主要证据在于神奇的邂逅和神奇的跟随，以及神奇的"文帝甚宠爱之，未尝离于左右"。如果真都这么理解，大概所有想要树立明君贤臣形象的帝王都委屈到说不出话来了。随便找一个明君形象比较突出的人，比如唐太宗吧，跟魏征有"多次引入卧内，访以得失"；长孙无忌有"常令出入卧内"；房玄龄有"若微得减损，太宗即喜见颜色；如闻增剧，便为改容凄怆"……咳，这种记载都是稀松平常的事。

第二点才是让冯梦龙之辈大作文章的重点。古来中原重文轻武，魏晋南北朝又重视门第出身，韩子高——一个普普通通的平民百姓，居然因为和文帝见了一面而飞黄腾达，最终居然都可以因为功高盖主被人忌惮了——你说这寻常不寻常？有问题！大大的有问题！一定是靠脸上位的！

恩，其实这话倒也不假。

河畔初遇，肯定是因为过人的颜值帮他争取到了进身之阶，而陈文帝对他最初的定位，大概也就是一个仆役、侍卫，是他自己一步一步凭借努力开始让文帝渐渐委以重任。开始时，他"性恭谨，勤于侍奉，恒执备身刀及传酒炙"，尖着眼睛超级小心地注意着自己可以干什么的样子，顿时让人想起了《穿普拉达的女魔头》中安妮•海瑟薇饰演的安迪。不过韩子高比安迪要野心勃勃得多，他一开始就在努力做着安迪几次碰壁之后经人点拨才开始做的事。

刚刚长大一点，他便努力学习骑射，带兵打仗。这个时候开始，才有这样一句话“文帝甚宠爱之，未尝离于左右”，紧接着又是“文帝尝梦见骑马登山，路危欲堕，子高推捧而升”，是他扎实的武艺让文帝给了他这样的信任，甚至骑马从山上掉下来，也知道会有他来救自己。

后来讨伐张彪、王琳，几次出生入死，他立下汗马功劳，逐渐凭借军功完成了几乎不可能完成的事情——以平民之身跻身将相之列。

“我做到了！”不知道他会不会这么想。大概不会吧。一辈子都小心翼翼的，根本没有功夫想这样松了一口气的事情。何况刚刚三十岁，又被新帝赐死。

临死之际的韩子高不知道会不会想起来十六岁那年的兵荒马乱。那时候刚刚平定侯景之乱，一路上都是白骨累累。那时候他生得好看。那时候未来的皇帝还是个即将赴任的太守，他的马正好经过那条河。

十六岁那年的他从来没有想过可以指挥这么多的兵马。

沉默的韩子高，终于松了一口气，像黑暗里的猫头鹰。

狼系男友

高长恭

外冷内热、傲9.5、骄0.5
成为伙伴之后很重视友情

南北朝时期北齐宗室，中国古代著名的美男子。高长恭相貌俊美，却能征善战，数次击退北周进攻，被封为“兰陵王”。传说因长得过于俊美，他害怕被敌人轻视，打仗时便面戴凶狠的面具，冲锋陷阵，战无不胜。《兰陵王入阵曲》是其代表曲目。

13 全家人都是偶像天团 我靠实力吃饭

文/一只仓舒公

说了那么多黄河以南文质彬彬的“小鲜肉”们，黄河以北的男孩子们不服气了：“哼！论美貌我们根本不输那些刀都拿不动的垃圾好嘛！”

咳……以为我手滑打错字了吗？其实这里的垃圾，就是在种族歧视超严重的元朝时期，北方人对于南方人的称呼。

而说起北方的颜值扛把子，那不得不提被后世好事者列为“四大美男”之一的兰陵王高长恭——传说中他长得像小姑娘一样好看，担心自己的容貌不足以震慑军心所以打仗要带面具……这个传说，怎么看都有点诡异啊！

在开始介绍之前，先为小帅哥澄清一下，上文的说法，百分之九十都是以讹传讹——剩下的百分之十留给历史的不确定性。这则传说的来历，应该与史书中关于兰陵王成名之战“邙山大捷”的记载有关（《北齐书》《北史》）：“长恭免胄示之面”，这里的“胄”是头盔的意思，不是什么面具。但更多的原因应该是，兰陵王自此之后的大红大紫。

俗话说得好，人红是非多，邙山大捷后北齐军心大振，兰陵王高长恭在部将中变成了神一般的存在，他的故事也被人谱了曲子编了舞（《兰陵王入阵曲》），要知道，艺术来源于生活高于生活，在兰陵王从一个英俊的小伙子变成一个艺术形象的过程中，他的盔甲也就变成了面具，他英俊的长相也就变成了“美得像一个小姑娘”……

咳咳咳，不过，除开这些艺术形象的兰陵王高长恭，还是一个很出色的“小鲜肉”。但如果非要说定位的话，我认为与其让他单飞，不如带上他的兄弟们搞个组合，名字我就不瞎编了，史书上写了——文襄六王。

说起文襄六王，还真有些奇怪——他们有着不是很相像的童年岁月，却莫名其妙地有着相似的性格和命运。

要说起他们的性格，那大概是：才艺值满分，但政治头脑和情商属性还没来得及加。

可要说起他们的命运，那就不得不先来讲一下北齐的命运。因为这六个人的生命跨度，就已经涵盖了整个北齐的生命跨度。

《北齐书》记载：

“文襄高澄，讳澄，字子惠，神武长子也……王遇盗而殂，时年二十九。”

“显祖文宣皇帝，讳洋，字子进，高祖第二子，世宗之母弟。……

暴崩于晋阳宫德阳堂，时年三十一。”

“废帝殷，字正道，文宣帝之长子也……殂于晋阳，年十七。”

“孝昭皇帝演，字延安，神武皇帝第六子，文宣皇帝之母弟也。……崩于晋阳宫，时年二十七。”

“世祖武成皇帝，讳湛，神武皇帝第九子，孝昭皇帝之母弟也。……崩于邺宫乾寿堂，时年三十二。”

“后主讳纬，字仁纲，武成皇帝之长子也。”

“幼主名恒，帝（后主）之长子也。”

我们可以看出来，北齐的几位皇帝之间的先后顺序是这样：

一号神武→二号文襄→三号文宣→四号废帝→五号孝昭→六号武成→七号后主→ 八号幼主。

其中，二号文襄、三号文宣、五号孝昭、六号武成都是一号神武（高祖）的儿子；四号废帝是三号的儿子，可是他很快被废了；七号后主是六号的儿子，八号幼主是后主的儿子，可是从名字就可以听出来，他们很快就亡国了，所以也不用太在意。

可以看见，“一号神武”和他的儿子们接连在王位上蹦跶了三十年左右。

比起一号神武的儿子们，二号文襄的儿子们就没那么幸运了，他们不仅几乎没有人能在王位上蹦跶，还因为自己的爹——二号文襄曾经在王位上蹦跶过，而终日有一柄达摩克利斯之剑在头顶高悬……没错，你们已经猜到了：这六个倒霉蛋就是今天的主角——文襄六王。

在二号文襄的六个儿子中，你们心心念念的兰陵武王高长恭排行老四。

长恭是字，文襄六王的名字是“孝”字辈，高长恭原名高孝瓘（guàn）。

在文襄六王中，兰陵王高孝瓘实在不算特别，除了特别有名之外。

而他的名气，除了来自于传说中“貌柔心壮，音容兼美”这一美如妇人的姿色和“打仗时必带面具遮盖绝美面容”这一带有传说色彩的怪癖，主要来自于邙山之战：

那时候，北齐吃了败仗，金墉城被围困，高孝瓘率领五百士兵穿过北周的军队来到金墉城下。金墉城的守城士兵都不认识他，于是他取下面具露出脸，城上的人一看“友军！”大受鼓舞，于是箭如雨下，居然反败为胜，取得了大捷。

邙山之捷后，战士们觉得这个人厉害了，于是做了一首《兰陵王入阵曲》来歌颂他的英武。

大概是这首《兰陵王入阵曲》太过脍炙人口，兰陵王的形象摆脱了他的历史原型，成功地飞入寻常百姓家，成为一个骁勇善战的阳刚形象，得以与其他三个文采风流的美男子并立中国古代四大美男之列。但如老子所说“祸兮福之所倚，福兮祸之所伏”，邙山之捷成就了兰陵王的千古美名，但也实在是害死他的罪魁祸首。从来“木秀于林，风必摧之”，功高盖主的，注定遭受猜忌。

邙山之捷后，七号后主跟自己的堂兄弟兰陵王高孝瓘说：“你深入敌阵，一个不小心那可是后悔都来不及了！”

高孝瓘脱口而出：“家事亲切，不觉遂然。”

史料记载，七号后主一听他说“家事”，就差当场翻个白眼了。

真相已不可考，史书的立场是：兰陵王从未有过半分不臣的心思。

他和他的兄弟们一样，武力值满点、爱国、充满责任感；而他又和他的兄弟们不一样——他是奴隶生的儿子，略显不体面的生母让他更加谨小慎微一点。但这点谨小慎微并没有给他什么明哲保身的锦囊妙计，只是让他在死亡的阴影之前显得更加焦虑一点。

他日思夜想，并且长期付诸实践的保命方法就是：把自己搞臭。这个逻辑很清晰：七号后主是因为他威望太重才忌惮他，他自己摊开手说：“你们不要崇拜我了！我是个大坏蛋！”这样大家应该就会不待见自己了吧？

于是“坏蛋”策略第一步：贪财！史书记载说：他“历司州牧、青瀛二州，颇受财货。”

可惜啊，不知道是这个人太正直还是什么原因，他被人识破了。说有一天，他的下属尉相愿问他：“王爷啊，你咋这么贪啊？”孝瓘听了就一言不发，尉相愿接着非常善解人意地说：“你是害怕邙山大捷之后你的声望太高，皇上忌惮你，所以想要往自己身上添污点来削弱自己的声望吧？”

孝瓘叹了一口气，说：“对啊。”尉相愿又说：“朝廷要真想杀你，你贪污他反而还揪住你的小辫子了，直接就可以弄死你了，这招没用啊！”

兰陵王高孝瓘一听哭了，问他：“那我该怎么办？”

尉相愿也是帮人帮到底，说：“那你装病吧！”

兰陵王觉得他说得有道理，但还是觉得对家国兴亡有责任，没能够及时抽身而退。

终于，北齐武平四年五月，后主的毒药到货，一代战神，命归西天。临死之前，他把自己横征暴敛的钱财全部烧了，大概是终于明白自己的脑袋只是悬在别人的一念之间，做了这样努力的挣扎却毫无效果很绝望吧。

当尉相愿还没有提醒兰陵王要装病的时候，还有一则趣事。说在瀛州的时候，阳士深上表举报兰陵王贪污，兰陵王被免了官。而在兰陵王征讨定阳的时候，阳士深正好在他的军中，想起之前的私情，很害怕兰陵王要整他。兰陵王听说了这件事，哭笑不得，说："我没有这个意思。"却还是为了让阳士深安心找了个小错误打了他二十棍。

毕竟不是谁都是尉相愿，能看出兰陵王其实是巴不得有人举报他贪污给七号后主听。

出于对兰陵王历史声誉的尊重，我把他拎出来放在最前面说，可这完全不意味着他是文襄六王中最出色的一个：

他的大哥是河南康献王高孝瑜，字正德，才貌兼具，能一目十行，还是个下棋高手。"读书敏速，十行俱下，覆棋不失一道"；

二哥广宁王高孝珩，不仅学涉经史、文章写得好、军事天赋满点、笛子吹得好，还是个大画家：据说高孝珩在墙上画了一只鹰，大家都没看出来是假的；

三哥河间王高孝琬不报甲胄深入敌阵、英勇善战；

五弟安德王高延宗小时候被过继给了三号文宣，被宠坏到十恶不赦，却有一天忽然被六号武成打正常了，国难当头、领军御敌，得到一批北齐臣子的爱戴，还得到了敌国皇帝的尊敬；

六弟比较奇葩，优点还真很难说，他的故事后文再讲。

统一的是，这样优秀的兄弟五人，也和兰陵武王高长恭一样，无一得以善终。

大哥河南康献王高孝瑜死于六号武成。

令人难过的是，高孝瑜小的时候和六号武成的关系好到穿一条裤子，可是后来六号武成当了皇帝，又是他的的叔父，他却没有一点自觉，还是跟武成掏心掏肺。

在六号武成让皇后和他的宠臣和士开对坐握槊的时候，他说“不妥不妥”，跑去跟六号武成说赵郡王的爹意外死亡挺不吉利的，让六号武成疏远人家。

背后diss人家还不要紧，要紧的是，diss得相当失败，这两件事不仅六号武成没怎么听得进去劝，还都被当事人听见了!

这下好了，和士开和赵郡王立刻组建了一个“反高孝瑜联盟”，具体工作就是每天跑去武成面前搬弄是非搞高孝瑜，一个说他奢侈得要命，另一个说他名望老高了，在他的封地里百姓都不知道有皇帝哦!

要知道这种事情，一个两个人说一次两次说，皇上虽然不会太信，但也会开始有所怀疑。时间长了之后，他们还坚持不懈地在挑拨离间，皇上就慢慢越来越相信。但兄弟情分还是在的，武成这时候还没有下定决心搞他。

可是这兄弟情也牵绊不住高孝瑜作死的步伐。据说太子结婚的时候，高孝瑜还在偷偷跟一个旧相好(太后的婢女)说话。

其实说穿了这也是件小事，可是这件小事加上和士开和赵郡王终年不倦地煽风点火，就变成了大事。

六号武成想：好家伙，这么不把太子放在眼里，怕不是要反?先灌醉他，再找人弄死他，以绝后患。

高孝瑜，卒。大概死了都没明白自己是怎么死的。

二哥广宁王高孝珩，也是打仗很厉害，一心为国。他曾经和呼延族、莫多娄敬显、尉相愿三个人共同约定刺杀朝中奸臣，无奈秘密泄露，奸臣得以逃生，最终害得北齐灭国（也不只这一个原因），高孝珩也被北周俘虏了。

被俘虏后北周武帝在云阳请北齐被俘虏的君臣吃饭，自己弹胡琵琶，让高孝珩来吹笛子，高孝珩几番推辞不过，只好举起笛子放在嘴边，可是还没有吹响笛子自己就已经泪下呜咽，武帝这才制止了他。

大概是这一次经历太过触目惊心，高孝珩在这一年的十月染上重病，不治而亡。

三哥河间王高孝琬，是二号文襄的文敬元皇后所生，地位尊崇。可以说，他的死因虽然和自己的大哥河南王高孝瑜极为相似，被和士开和另一个大臣在皇帝面前说“他很有威胁”（这个和士开……），但更多的还是因为他活在“皇位应该是我的”的观念里，属于自我找死。

他找死的案例很多。

大哥河南王高孝瑜被杀的时候，其他兄弟连声音都不敢出，而高孝琬不仅大声号哭，还扎了个草人来诅咒武成；他得到了一颗佛牙，皇上来要他不给，皇上就来强抢，一抢不要紧，还发现了他家里一屋子的兵器……

而替高孝琬补最后一刀的，又和他大哥一样，是个女人。

武成在他屋子里发现了兵器，就审他家里的人，这时候正好有个被高孝琬养在家里但终年无宠的妹子陈氏跳了出来，把房间里河间王高孝琬老爹二号文襄的画像谎称说是六号武成的画像，说："皇上啊，河间王对着你的画像哭，是在咒你死啊！"

此时此刻的高孝琬，大概是擦了擦眼睛，这么多年来第一次发现家里还有这么个妹子啊……可算是记住她了啊……呵，女人啊。

六号武成正愁找不到理由搞他呢，这时候跳出来的陈氏真是让他喜笑颜开啊……

不过作为文襄六王中的找死小能手，高孝琬临死之前还恶心了一把六号武成：他管武成叫"叔叔"，说"叔叔啊，你不能杀我啊！"六号武成当然是毛了，这一声"叔叔"，就是在提醒他"你抢了我爸爸给我的皇位啊！"

高孝琬，卒。死前挣扎了一下，还恶心掉了对手半管血。

五弟安德王延宗是个传奇。

他小时候被三号文宣带走抚养，三号文宣对他是十分溺爱，十二岁的时候还让他骑在自己的肚子上，还问他："崽啊，你想要什么啊？就算是天上的星星，阿爸都给你摘！"（原话是问他想做什么王。）

延宗大概是看着天上的星星说："那我要当'冲天王'啊！"

三号文宣当然是"好好好"，然后转头就去找大臣杨愔（yīn）说这事，杨愔一听不得了，立刻旁敲侧击跟三号文宣说："天下没有'冲天'这个地方啊（你对这崽溺爱得太厉害了），应该让他安分守己遵守道德啊，就叫'安德王'吧！"

三号文宣也不知道是真不懂还是装的，他一口"好呀好呀"的，于是高延宗就做了安德王。

溺爱的后果就是这位高延宗真的是个神奇的人，他的人生履历简直不可思议。

年少时在城楼上大便，让别人在下面用嘴接住；把猪饲料和人的粪便拿给侍卫吃，只要谁表现出一丝不悦，就用小鞭子抽他。正在这个混世魔王越发无法无天之际，五号孝昭让人打了他一顿，但他还是不悔改，用囚犯试验自己的兵刃是否锋利，于是，接着登上皇帝宝座的六号武成又打了他一顿，还杀了他九个亲近的下属。

也不知道这个混世魔王真的是个被九个亲近下属带坏的好人还是怎么回事，六号武成这么一顿教训，立刻让他洗心革面重新做人。不仅阳光乐观积极向上，并且在七号后主无能丢盔卸甲之际，组织了当时北齐可以调动的兵力发起了最后的抵抗。

他被下属们爱戴，并拥立为新帝，一度将北周武帝杀至走投无路、艰难逃生——城破之时，周武帝亲自下马握住了高延宗的手，表达了对他的敬意。

而他的死前岁月，与他二哥广宁王高孝珩极为相似，在北周宫中的生活受尽屈辱，最终因为被怀疑参与谋反赐死。

老六渔阳王高绍信是个奇葩。

和哥哥们的人生轨迹看起来有些许不同，正史提及的就只有他曾经和一个大富人关系很好，于是带着一家子人天天坑这位大富人的钱，终于把他坑穷了，也算是以身践行“重农抑商”的传统政策了吧。

唯独不得善终这件事，老六和五个哥哥们都一样。北齐灭亡，老六死于长安乱军之中。

听起来一点还手之力都没有。

出身高贵、冷峻能打的兰陵王，是不折不扣的狼系男友——而狼是群居动物，文襄六王各有特色。

恩……听到这里，你还是只视兰陵王高长恭为唯一偶像吗?

测试题

你的假想男友是魏晋里的哪个美男？

1. 你现在想要听一首歌，打开APP你选择了？

A. 轻音乐民谣、抒情情歌——2
B. 重金属摇滚——3

2. 午后的阳光轻洒下来，你想要出门，你决定去？

A. 游乐场→3
B. 酒吧→5

3. 阳光实在是太大了！户外运动伤不起，看到各种穿得美美哒的小姐姐，你决定去逛街，但是你觉得？

A. 就一个人去吧，省事儿方便→5
B. 嘤嘤嘤，一个人好落寞→4

4. 不仅逛街，有的时候你觉得自己真的是个选择困难重度患者，每次都不知道怎么办？

A. 为什么没有大佬帮我做决定，带我买买买→6
B. 算了，纠结就纠结吧……习惯就好→9

5. 你喜欢买买买，走在路上，你觉得第一眼吸引你的会是？

A. 视觉感冲击强的东西、店铺→7
B. 文艺清新怀旧的STYLE→8

6. 你觉得你的点子有点衰，每次都会遇到小麻烦，有时候还有人故意给你使绊！你希望？

A. 正面骂，怕什么怕，老娘还没怕过谁→ 9
B. 哼，暗搓搓行事，表面风平浪静，看我怎么弄你→ 8

7. 好友又给你推荐了一部剧，你觉得她给你推荐的是？

A. 洋溢着浪漫气息的青春恋爱剧→ 9
B. 黑暗、悬疑、玄幻……大场面的烧脑剧→ 12

8. 朋友圈里你发的最多的类型是？

A、美食！风景！浪起来！→ 10
B、各种抒发自己内心小心思的摘抄或杂谈→ 11

9. 你最近迷上了一个偶像，立刻去关注了他的微博，每次他发消息，你都？

A. 火速评论！抢占前排→ 12
B. 默默窥屏，甚至不点赞→ 10

10. 你收藏夹里装的最多的动漫类型是？

A、热血中二猎奇→肆
B、青春校园日常→ 7

11. 你看到电视剧里面的某些男主设定都开始走起了要酷、高冷路线，你觉得？

A. 哇，好帅！好有感觉！→ 5
B. ……噫，太装了吧，正常人谁这样啊→ 13

12. 你会不会某段时间，情绪特别低落、特别想要和人说话？

A. 没有，不存在的，干啥那么多愁善感→贰
B. 哎，有个人说说话真的好……→叁

13. 如果有个人老是在你身边唠唠叨叨，告诉你该做啥不能做啥，你会？

A. 哪好玩哪儿待着去吧！别在我身边……→壹
B. 或许，他说得对？→ 12

壹

原谅我这一生不羁放纵爱自由：阮籍、嵇康、王衍

你是一个风一样的女子，所以你需要一个风一样的男朋友带着你去乘风破浪。他们可能风流、喝酒、爱吃药，但请相信他们本质上一定是个好男朋友——要相貌有相貌，要才华有才华，可能有的时候容易剑走偏锋，但是！你们一定有过一场轰轰烈烈的感情！

贰

腹黑冷静喵： 韩子高、高长恭

你可能有时候有点二、运气不怎么好，一个腹黑冷静的男朋友瞬间可以帮你解决所有的问题，他们可能偶尔毒舌、有点傲娇，但不论怎么说，你绝对会是他们心中的小仙女。

叁

温柔如风，伴你随行： 裴楷、谢混、卫玠

可能你骨子是个安静、内向的小公主，你习惯了固有的生活，希望有一个和你一样兴趣爱好，一样性格的人一起静静地散步。岁月静好，现世安稳，便是你最大的希望了。

肆

热情忠犬： 潘安、王献之

你是一个元气满满的少女，能一起疯一起玩的伙伴是你对男朋友最起码的要求。吃到老，玩到老，疯疯癫癫到天涯。

伍

霸道总裁： 慕容冲、独孤信

深受古早言情毒害的你，早已对普通的霸道总裁失去了免疫力。高冷、禁欲、实力、相貌……他们满足了你对“杰克苏”的所有幻想。

第二章

【新词故事】长得好看说什么都对

Yù　Rén

玉人

释义：

玉，石之美，有五德者。润泽以温，仁之方也；䚡理自外，可以知中，义之方也。

范例研究：

《世说新语·容止》："裴令公有俊容仪，脱冠冕，粗服乱头皆好，时人以为玉人曰：见裴叔则，如玉山上行，光映照人。"裴楷不用面膜不用上妆，即使脱下礼帽，穿着粗陋的衣服，头发没经过打理蓬松得很，依旧是盛世美颜，被人称为"玉人"。这是魏晋时期对男人的最高赞赏，夸人"玉人"，准没错！

01 美男的专属形容词

文/肖二十三

帅能当饭吃吗？能！

人家刷卡你能刷颜值吗？能！

不信？你 out 了。中国历史上有一段潮流时期，是可以靠帅吃饭——魏晋。现今人们怎么称呼帅的人："欧巴"、鲜肉、帅哥、美男。那么古代呢？如何称呼帅的人？古代有一个极为潮流的词，它能概括所有美男，那便是"玉人"。

好吧，玉不应该是美女的代表吗？纤纤玉手、灼灼其华。玉人是帅哥，你拉倒吧。

还真不拉倒，玉人最先就是形容男子的。

《说文解字》："玉，石之美，有五德者。润泽以温，仁之方也；䚡理自外，可以知中，义之方也。"这玉一直就是个好东西，不够格的可配不上。《诗经·小戎》："言念君子，温其如玉。"《礼记·曲礼下》

中甚至规定："君无故，玉不去身"。所以说玉养人，人养玉。美男当然得唤玉人。玉人挑明了就是白人。一白遮三丑，高富帅、白富美。谁说白只能是女人的专属，魏晋的美男子可是很注重保养的。

男人白点才有资本，白可是他们撩妹的必杀技。国民公务员王导先生，这厮，官阶做到丞相不说，还是个实打实的白美男。他去上朝经常拿着白玉柄麈尾。这可不得了，太打击人了，太可气了。他的手白的和玉一样，可谓浑然一体。没有对比就没有突出，王导同志只需要站着，其他人全都被比下去[①]。羡慕不？嫉妒不？众人饱含泪花，称赞他这样的男人为玉人。谁当玉人谁骄傲，谁是玉人谁天王。

而且一个人是玉人不是本事，整个家族都是玉人那真的是吊炸天了。王氏家族基因爆表，王戎、王墩个个实打实的帅。而其中王导的族兄王衍经历与他极为相似，这也是个爱拿白玉拂尘的美男。作为东晋道家一哥，给学生做几次玄学演讲才能攒人气呐。怎么办？演讲不能干讲，得有道具啊。所以，拂尘成了大家争相喜爱的饰物。王衍几乎天天都拿着拂尘，白色长须白玉长柄，非常的仙风道骨。可无论你怎么瞧，竟然发现不了他的手。因为……手已经与白玉融为一体了[②]。那双骨节分明的手，和玉色压根没什么区别。玉人，貌美肤白的男人。王氏一族在东晋不眨眼都是 MVP 。

一家族是玉人不要紧，把整个时代的审美都带动起来，那真的叫奇迹。

王家下到小破孩卫玠也美得惊人。卫玠时年五岁，才五岁就不得了，生的一副童星样，谁见了都想上去捏一把。传闻他乘羊车逛

---

①《世说新语》

②《世说新语》："王夷甫容貌整丽，妙于谈玄，恒捉白玉柄麈尾，与手都无分别。"

集市的时候，一下把所有人给迷住了。偶像啊，这小孩完全就是用玉雕刻出来的。就单单这一次，他就收获了一大票粉丝[3]。他舅舅王济本来也是个花美男，可这一站在边上，可惨了。只能生无可恋老泪纵横长叹到："珠玉在侧，觉我形秽。"王济这么大岁数的绝望，完全能用这句话来概括：只要与卫玠同游，就像携带个一百瓦大灯泡一样，他能把所有人都照亮了。其他人？哼哼，躲一边去吧。卫玠长大后，娶了娇妻。岳父乐广同样是个大名人。时人都说："岳父像冰一般清明，女婿像玉一样光润[4]。"这卫玠就是魏晋时的张国荣啊，生得光辉死得灿烂，享年二十七岁的他，把最美好的一面都展现在了世人面前，这样的玉人，后世几乎无法超越。总而言之，这是个从生帅到死的顶级大 boss。

上到太子的教授裴楷，天天是麻布粗衣，头发又缭乱，但时人都管他叫玉人[5]。虽然衣衫不整，但赖不住人家长得好啊。他行为不正常，可才气杠杠的，既风神高迈、容仪俊爽，又博览群书、特精理义[6]。粉丝们都这样赞誉裴楷："见裴叔则，如玉山上行，光映照人。"是的，裴楷没肌肉怎么了，他照样扛起了颜值大旗。

细理解玉人这个词，挑明了，它就是男版的香港小姐。能夺得此冠号的人，哪一个不是龙章凤姿、芝兰玉树。所以说魏晋的审美观念很奇怪，崇尚的是中性之美。翻看前朝的历史美男，西楚项羽霸王"籍长八尺馀，力能扛鼎，才气过人，虽吴中子弟皆已惮籍矣"；三国的关羽首长"身长九尺，髯长二尺；面如重枣，唇若涂脂；丹凤

---

③《晋书·卫玠传》："（玠）年五岁，风神秀异……总角乘羊车入市，见者皆以为玉人，观之者倾都。""珠玉在侧，觉我形秽。又尝语人曰：'与玠同游，冏若明珠之在侧，朗然照人。'"

④《晋书·卷三十六·列传第六》："玠妻父乐广，有海内重名，议者以为'妇公冰清，女婿玉润'。"

⑤《世说新语. 容止》："（裴楷）粗服乱头皆好，时人以为玉人。"

⑥《晋书·卷三十五·列传第五》："楷风神高迈，容仪俊爽，博涉群书，特精理义，时人谓之'玉人'。"

眼，卧蚕眉：相貌堂堂，威风凛凛”。这些人的标配就是壮士留步，好汉住手。长胡子美男、高个子猛哥，那散发出的荷尔蒙成堆成堆的。可换到魏晋，全都不顶用了。魏晋是继百家争鸣后的又一学术盛世，自然，文人就较注重自身的仪容仪表，《世说新语·容止》甚至为此开篇列目。美男扎堆，选美当然不犯法。

再有，不同的年代自然有不同风气，魏晋尚玄，男子崇道。这个时代的人对生命领悟已经达到了超凡脱俗的境界，以柔弱之姿盾隐士之尘，恰应了道家上善若水之理⑦。

好吧，这个年代刷卡真的是靠颜值的。曾经的猛男、肌肉男全都不管用，只要你有“玉人”头衔，全国各地任你走。玉人一词，实打实的褒义词。说到这儿，可能又有人抱怨了，玉人都是底子好的小白脸，人家是明星命，可咱们矮穷矬的老百姓咋整啊？

咋整，涂粉呗。女人搔首弄姿，男人照样也能风姿绰约。做不成先天的玉人，那就做后天的玉人，在魏晋，男人护肤可比女人厉害多了。

芝兰玉树、玉山倾倒、玉树临风、玉质金相……形容男子的，可就有这么多玉。不想当将军的士兵不是好士兵，但换在魏晋，完全就是不想当玉人的男人不是好男人。当然，这也是最难得的，魏晋男子之美，美在如玉一样不张扬，不霸道。

---

⑦《魏晋名士风流》

Yán Kòng
“颜控”

释义：

一群对“颜值”有着迷之执着的人。他们的口头禅是：“长得好看说什么都对。”当然，对美的执着也可能让他们走向另一极端：“你长得居然比我好看你去死吧！”

范例研究：

魏晋时，有个“颜控”名叫许允，他的老婆阮氏特别丑。

许允问：“都说妇人讲究四德，你有几德？”

老婆理直气壮地道：“除了美貌之外我都有。都说读书人有百行，你又有哪条？”

许允：“我这么完美的人，肯定都有呀！”

老婆：“百行德为首，你一个死‘颜控’，好意思说自己有品行？”

许允哑口无言，然后……然后他就屈服了，跟自己妻子过上了幸福美满的生活。

这个故事告诉我们，“颜控”一般都不会有好下场。

02

宁叫我负天下美男 不叫天下美男负我

文/肖二十三

雄谋韵事与文心，君臣兄弟而父子；
英雄未有俗胸中，出没岂随人眼底？
功首罪魁非两人，遗臭流芳本一身；
文章有神霸有气，岂能苟尔化为群？
横流筑台距太行，气与理势相低昂；
安有斯人不作逆，小不为霸大不王？
霸王降作儿女鸣，无可奈何中不平；
向帐明知非有益，分香未可谓无情。

好一首《邺中歌》，道尽了孟德一世功名。

是了，今天我们要说的故事，主角正是曹老总。

曹操，字孟德，小字阿瞒。他一人挟天子以令诸侯，破荆州，下江陵，功成三分国。啧啧，这换今天，你原子弹都不一定干得过他。愣着干什么？咱还不跪地臣服：孟德兄，你乃猛人也。

这么个历史名人，几千年过去了，打的那几场仗，修的那几条沟，都被说烂了，现在还有啥可说的。来来，瓜子奉上，咱今天爆个不一样的八卦。

阿瞒大兄弟，今天得唤他另一个称呼——床头捉刀人①。

颜值这东西，不在乎的人把它当厕纸。看张飞大哥，豹头环眼，燕颔虎须，声若巨雷，可人家老婆照娶，小日子过得有滋有味。在乎的人那就惨了，外貌协会的人，你不帅那做啥都膈应。咱们的曹阿瞒啊，就是一个非常在乎自身颜值的人。

这床头捉刀人，是阿瞒兄人生的一把辛酸泪，是他因为颜值引发的糗事。简单一句话：上帝没给我开天窗，我长得丑出来吓到人了。

时光追溯到曹操会见匈奴使节的那一年。曹操魏武王的威名那是四海八荒无人不知无人不晓，匈奴使节肩负着老大交托的重任远道而来，那是相当气派。泱泱大国，曹操要接见使节，怎么都不能落于下风，所以他早就打好主意了，怎么都得让这群匈奴蛮子拜倒在他的解放鞋下。可是老天不给面子，造零件的时候把我们的魏武王给造残了。总的来说，他的颜值不足以压倒对方，没颜值没面子，没面子没气势啊。硬件不行可以换，可这从出生就配置好的软件……那时候也没几个有技术含量的整容医生，所以曹操开始动用他的聪明脑子了。他打算上演一出李代桃僵的戏码，让自己的下臣崔季珪替他接见。这崔季珪面容生得相当好，要肤白有肤白，要身材有身材，还是一个一米八几的大帅哥。作为外貌协会的成员，崔季珪每天都能让曹操冒酸水。这下好了，养帅哥千日，用帅哥一时，让崔季珪冒

---

①《世说新语·容止》："魏武将见匈奴使，自以形陋，不足雄远国，使崔季珪代，帝自捉刀立床头。既毕，令间谍问曰：'魏王何如？'匈奴使答曰：'魏王雅望非常，然床头捉刀人，此乃英雄也。'魏武闻之，追杀此使。"

充魏武王那绝对有面子。

所以这天，匈奴使节来了，崔季珪穿上曹操的衣服假扮魏武王，而曹操本人就握刀站在崔季珪的坐榻边做侍从。从头到尾，曹操都是个安静的侍卫男，站得直直的，尽量把自己的存在感刷到最低。崔季珪的交际能力相当强，大魏的国力配着顶级大帅哥，哪有输的道理，只有让人家跪舔的分。

一番接见下来，匈奴使节相当满意。饭局结束，双方都还打着招呼。

“老弟，下次再来啊。哥不差钱。”

“呜呜……老哥，好的好的。小弟们下半辈子就跟着你大魏混了。”

事情圆满结束，匈奴使者挥着小手帕告别，曹侍卫当然立刻把刀放下来了。床头捉刀人，这可是机密。不能告诉别人，嘘，绝对不能说。可是，有点不爽啊！魏武王做什么事，都想听听人家的意见，这匈奴人挥一挥衣袖就这么走了，咋没交观后感。于是曹操命令间谍询问匈奴使者：“您老大老远赶过来，觉得魏武王这人怎么样啊？”

匈奴使者吃着烤羊肉串，仍然怀念那天的盛宴，咂咂嘴。

“魏武王风雅高尚、仪容风采，但是坐榻边上握刀的那个人才是真英雄。”这是人家匈奴使者的原话。好家伙，眼力竟然不错。崔季珪儒雅，可气场哪比得上不怒自威的曹操本尊。持刀侍卫虽然一句话都没有说，可是一看就是上过战场干过架的猛男。匈奴人驰骋草原，好的就是这一口，所以那天匈奴使者一进门，印象最深的不是风度翩翩的崔季珪，是那气冲霄汉的床头捉刀客。

这番话曹操听后，立刻派人追去杀了这个使者。

小样，让你背后议论我，让你看出我是真英雄，不杀你我都对不起曹操这名号。

呜呼哀哉，兴致勃勃地吃羊肉串的匈奴使者，就这么挂了。他到死都不知道自己为什么死的。

故事到此结束，这便是典故“床头捉刀人”的由来。看到结局，是否有人疑惑，曹操为什么要杀匈奴使者，历史众说纷纭，不过最贴近的说法就是咱们的魏武王不好意思了，他小小的自卑被人这么揭穿，当然要掩面遁走。

他那疑神疑鬼的小性子到死都没有改变。

他自我感觉吧，匈奴使者认出了他才是真正的魏武王。那还得了，要是那大兄弟嘴巴没个把门的，回到匈奴后把床头捉刀人的故事说出来，那丢脸岂不是丢到国外去了。要是再说些不利于自己丑行、丑貌的话，他这扛把子还怎么当。再有，这匈奴使者眼光如此独到，绝对是个精英分子，非我族类，其心必异。这样的人既然不会效忠大魏，那日后必定是敌人。这可是个祸患，出于嫉妒与疑心，曹操当然要除之后快。

综上所述：美貌真是个杀人不见血的东西。什么红颜祸水、红颜误国，这些可都太 low 了。曹操本人，才是外貌协会的忠实粉丝呐。

魏武王空有一身才华，怎奈人家自卑啊，要是在其他朝代，相貌马马虎虎就过去了，可谁让他处在这魏晋开创期。魏晋是一个十分注重相貌的时代，一帅能遮三丑，芝兰玉树、风度翩翩全是这时代的成名词。身边都是顶级的大帅哥，换你，你不膈应吗。

看看和曹操一起创业的三国时期的其他著名人物，不是帅哥，就是长的各有自身的特点。诸葛亮：身长八尺，容貌其伟，十分潇洒；孙权：碧眼紫髯，有帝王之相；刘备：双耳垂肩、双手过膝，目能自顾其耳，耳大手长，是异相也是福相[②]。老冤家，老对头，那

②《三国志》

个个都是人中龙凤，他们走到哪里都是显眼的，他们无论做什么都是受人瞩目的。可是曹操……大伙儿想看可也看不见呐。不怪我们，怪只怪您老人家生得短了些。

老天太不公平了，曹操起跑线就输了一大截。

看《魏氏春秋》中记载“武王姿貌短小，而神明英发”。好不容易有提到魏武王相貌的，却是这两句浑话。自己武力不低，可架不住是个矮子，折合下来顶多一米六。神明英发，呵呵，你这是夸人还是损人。不就是说曹魏王颜值不过关，只能拿气质来抵吗。曹操捶足捣胸痛哭，人比人气死人。爱美之心人皆有之，可你愣是连条活路都不给。

前期张松的遭遇也证明了曹操的爱美观。张松这人其貌不扬，其才不凡，当年他带着西蜀地形图来投奔曹操，曹操因为张松长得丑，自然不喜，那接待怎一个轻慢了得。最后人家张松愤然而去，转投刘备了[③]。真是有颜值任性，没颜值认命。

那年代，都是靠颜值吃饭的懂不懂。所以一个床头捉刀人就把曹操惹怒了，这是相当有根据的。匈奴大兄弟啊，你死得不冤。

再看曹操手下不得善终的两个名臣，荀彧（yù）和崔季珪。他们两个的共同点，那就是全民偶像、顶级大帅哥，那容貌那气质，可是天王榜上的一二名。“留香荀令，掷果潘郎”，是说这荀彧的外表是和潘安一个级别的；崔季珪呢，史书上描绘他“声姿高畅、眉目疏朗、须长四尺、甚有威重”，曹操挑中的这替身自然是不赖的。

而他们两人，最后都被曹操杀了，最大的错误，就是因为帅啊。

---

③《三国演义》:“张松长得额头尖，鼻偃齿露，身短不满五尺，言语有若铜钟，但很有才干，可过目不忘。张松奉命出使许都，结果不被曹操礼遇，言语顶撞曹操，被乱棍打出。张松归蜀时途经荆州，为刘备所厚待，于是将西川地理图献予刘备，劝刘备取益州，愿为内应。”

曹魏王本身就对自身样貌感到自卑，你们俩还这么帅，三人一起走在路上，你们鲜花一大堆，可我啥都没有，好不容易娶几房媳妇，还多半是接手部下的遗孀。

这样的自卑感，让我们的魏武王不爽了一辈子。一代名人都逃脱不了颜值的魔力，想想魏晋那么多的美男子，该有多壮观。岁月是把杀猪刀，尤其是长得好的人，那天天就是受着千刀万剐的极刑啊。曹操要是早有这心态该多好。

曹操有一句至理名言：宁教我负天下人，休教天下人负我。到了魏晋时期，他完全可以换为：宁教我负天下美男，绝不叫天下美男负我。这家伙，霸气中透出自卑，自卑中又透着他的魅力。

魏晋这个大时代从开始到结束，男人对美都有种奇葩的依恋，这个时代的审美观让人咋舌。当然，从魏武王的身上我们也能看到，颜值既可以救人，也可以杀人。时也运也，大伙听君一言：帅填饱不了肚子。心态不好，你是床头捉刀人；心态要好了，咱能省好一大笔保养费呢。

shēng bìng

生病

释义：

一般人生病，都会容颜憔悴，面黄肌瘦。但是美人不一样，美人就算生病也不是“猪精女孩”，反而令人我见犹怜。

范例研究：

魏晋美男子裴楷生病时，王夷甫过去看望他。

裴楷躺在病床上咳嗽道："咳咳，真是麻烦你过来了，生病之后，容貌憔悴了许多，估计你都不认识我了。”

接触到他的眼神时，王夷甫愣住了。就算生病了，裴楷还是美得发光！

回去之后王夷甫逢人便说：“(裴)双眸闪闪，若岩下电；精神挺动，体中故小恶。”实在是回眸一眼百媚生，美人不管什么时候还是美！

万万没想到，因为生病，裴楷的名气反而更大了。

03

美人就算生病也不是「猪精女孩」

文/肖二十三

"有一美人兮，见之不忘，一日不见兮，思之如狂。"

美人这个词，格调向来是很高的，被唤作美人的人，可不就是上天的宠儿。看看出水芙蓉、我见犹怜这些形容词，小心肝被苏得不要不要的。人类对"美"总是赞同的，谁会跟颜值过不去。

美人代表，古希腊名妓弗里妮，被控犯有不敬神之罪。审判时，律师解开她的衣服，纯天然的美就摆在律师眼前，于是，本要被判死刑的她，被宣告无罪了。听到这个故事，你还不感慨吗？美是一种资本呐，它往往能带给普通人不一样的优惠。

不要江山要红颜，你美你傲娇，那么"蓝颜"呢？美人可不单指女人。红颜是祸水，啧啧，"蓝颜"要是美起来，就是黄河泛滥一发不可收拾。

是的，我们要谈的是——"蓝颜"美人。

男子要是貌美起来，影响力可是人类无法想象的。鹿X恋爱曝光，微博君崩溃了，吉尼斯纪录又被打破了，女粉丝跳楼，男粉丝流泪。

我在陪女朋友的同时还要安慰她失恋，鹿X，被你坑大了。

我结婚，然而新娘看完手机晕厥了，鹿X，都是因为你。

因为貌美，鹿X恋爱让粉丝们失去了“前夫”，“粉丝”们那哭得那是一个撕心裂肺震耳欲聋。明白了吧，男人真的美起粉丝来，是不会给人活路的。现代一个帅哥就让大家痛不欲生了，那古代呢，古代有没有此等尤物？答案当然是肯定的。古代帅哥，一抓一大把，我们今儿的要说主角便是古代版鹿X。

这个美人出场，别说微博君瘫痪，皇帝老哥都得给他让个座。

它便是裴楷美人，魏晋时期著名的顶级偶像，国家级公务员。他年少的时候就声名远扬，粉丝团相当强大。

这位偶像，出道非常早。他器宇轩昂，姿态不凡，有着标准的动漫偶像脸，而且出生名门，教养非一般好。不但是高富帅，还是个学霸。这样的超级偶像，咋能不让人喜欢。

俗话说：佛靠金装，人靠衣装。现代很多国民偶像都是靠包装捯饬出来的，你把外皮一蜕，就是个洗剪吹。可咱们的裴叔则，纯天然无添加剂无污染，经过了历史的重重考验。

《世说新语·容止》有专篇说到：“裴令公有俊容仪，脱冠冕，粗服乱头皆好，时人以为玉人曰：见裴叔则，如玉山上行，光映照人。”这也就是说，裴叔则不用面膜不用上妆，依然是个顶级大帅哥。你看看他，即使脱下礼帽，穿着粗陋的衣服，头发没经过打理蓬松得很，可依旧是盛世美颜，看到他的人没一个不流鼻血的，所以他的封号来了：玉人[①]。

①《世说新语·容止》：“裴令公有俊容仪，脱冠冕，粗服乱头皆好，时人以为玉人。见者曰：‘见裴叔则，如玉山上行，光映照人。’”

哇咔咔，受不了了。看见了裴帅哥，就像在玉山上行走，他让我感到光彩照人。这句评价相当中肯呐，裴楷就是个自带光芒的小太阳。沙尘暴算什么，雾霾算什么，只要裴楷在身边，那人们就是神清气爽。

《世说新语·容止》把魏晋的各大美人都列了出来，裴楷榜上有名，实力绝对是杠杠的。他的实力，远不止颜值，不仅文学作品出类拔萃，政绩方面更有建树。

美人平时的美不是本事，生病了还是美才是致命打击。一般男人生病，就一个胡子拉碴、面色蜡黄。可是裴楷不一样，他病的样子让人好生犹怜，少女心被他戳得不要不要的。

话说那日裴偶像生病了，平时，人家可是兢兢业业的小职员，可是现在，竟然让王浑为他上书请辞，这可怎么行？惠帝不答应，惠帝老婆贾后也嚷嚷着不许裴偶像走。为了看看裴楷辞职信上说的到底是真还是假，惠帝陛下就派王夷甫过去瞅瞅表示慰问。然而裴偶像这时候已经病得下不来床了。

可无论怎么说，王夷甫都是客人，要是对他一直不闻不问不是个事啊。所以当王夷甫来病床看望的时候，我们的裴偶像很勉强地回过头跟他打招呼。

“咳咳，我这一病，就好像与你们不相识一般。”病美人咳嗽着，郁郁地看向这老朋友。

嘶……他这一回眸立刻让王夷甫定住了。

都说美人回眸，是一笑百媚生。我们的裴偶像，回眸了，但没有笑。他单靠一个眼神就收服了王夷甫。王夷甫回去立刻给人说：“他双目闪闪，好像山岩下的闪电。”[2]

换我们的话，裴偶像的眼睛就是火眼金睛。病美人闪闪的眼眸，就像会说话一般，虽然他精神涣散，身体确实有点不舒服，但这正恰恰衬托出了美人病了还是美人。

曹雪芹先生写黛玉的诗很美，这里也可以拿来给裴偶像用。

“闲静时如娇花照水，行动处似弱柳扶风。心较比干多一窍，病如西子胜三分。”

美人一病，光华依旧，那人气值还蹭蹭上涨。所以说，无论哪个时代，颜值都是非常重要的。

想象着，要是天天能欣赏裴楷这样的美人，哪怕他是个病人，都能把人美死。传奇之人往往带着传奇之色，我们的病美人哪怕死了，也同别人不一样。一般人这点可比不上他，他是个美到死的美人。

非常巧合，我们的裴楷病美人与黛玉妹妹患的是同样的病：肺结核。在王夷甫看望裴楷不久后，裴偶像家里的厨子一次把米下锅时，忽然发现，米不是变成拳头的形状，就是化成血，有时还变成蔓青菜。人间大奇闻呐，一般这都是代表不祥的预兆。果然就在这一年，裴偶像去世了[3]。病美人真的病死了，可谓魏晋一大损失。

裴楷死后，王夷甫一直痛哭：“裴偶像精明开朗，超越众人，那可不是一般见识的人。如果人死可以复生，我要和他为同一目标努力[4]。”不似钟会的势利、嵇康的洒脱，裴楷一直都禀着“低调做人高调做事”的态度，为官不争不抢，是个极为识时务的帅哥，皇帝

---

②《世说新语·容止》：“裴令公有俊容姿。一旦有疾，至困，惠帝使王夷甫往看。裴方向壁卧，闻王使至，强回视之。王出，语人曰：‘双眸闪闪，若岩下电；精神挺动，体中故小恶。’”

③《晋书·卷三十五·列传第五》：“初，楷家炊黍在甑，或变如拳，或作血，或作芜菁子。其年而卒，时年五十五，谥曰元。”

④《世说新语·赏誉第八》：“王太尉曰：‘见裴令公精明朗然，笼盖人上，非凡识也。若死而可作，当与之同归。’”

老子、同僚伙伴都很喜欢他。大家多么希望裴偶像能再活回来，他死了，是很多魏晋名士的遗憾。

不过这种遗憾恰恰让后世对裴偶像充满了想象，美人卧榻，挥一挥衣袖，不带走一片云彩。

这个古代版鹿X说完了，看客是否还觉得意犹未尽？魏晋这个时代，盛产的美男还真让人流口水。病美人裴楷、香美人韩寿、果美人潘安……个个皆是龙凤之姿。

若是其他朝代，花样美男并立是绝对不会存在的。所以说，魏晋就是个充满神奇色彩的时代，人传奇，事传奇。文人们崇尚玄学，接受了外来思想，解脱了单一的儒家经学束缚。儒家经常说的，知识分子行要端，坐要正，学知识就是得做官。这规律都遵守了这么多年了，大伙儿当然厌烦了，所以到了魏晋，如嵇康这些美男子就喜欢衣冠不整、不做官的生活方式。他们打破传统，崇尚自然美，就差没发表《独立宣言》了，人性自由，你能把他们咋的。

当然，这并非不受教化。魏晋这特殊的文化现象，正是古典文学的又一次革新。由浅入深、由外在到内涵转变的审美观，象征着时代的进步。要是其他朝代看的是外在，那魏晋爱的就是神态。这里的帅哥个个都有洒脱之姿，我们的裴楷偶像，就算是个病殃子、没精神没活力，可他依然迷人。不就是因为他气质高雅，骨子里透出了内秀吗。

欣赏形体、神态之美，追求名士风度，成为那个特定历史时期的社会风尚。看魏晋美人之姿，女粉丝们，你们的鼻血止住了吗？

Kuā Rén

夸人

释义：

夸人是个技术活。如何优雅地夸人，又显得不做作，需要口气、语言、表情、肢体语言的多方位配合，切记过犹不及，夸人一定要夸到点子上。

范例研究：

东晋的权臣桓玄篡位之后，有一天上朝坐上御床，御床竟然塌了一角。桓玄心里一惊，这不是在暗示自己皇位不稳吗?

这时，殷仲文从群臣中走出，拍了一个惊天地泣鬼神的马屁："这是因为陛下您的德行太厚重，连大地都承受不起，这才让御床下陷的呀!"

这里用了一个"厚德载物"的典故，将桓玄比作圣人，一下子拍到了皇帝心尖上。

伴君如伴虎，会拍马屁是魏晋时期为官的必备技能哦!

04 拍马屁的最高境界

文/玳瑁梁

公元 266 年，西晋开国之初。

大殿内君臣齐聚，鸦雀无声，紧盯着殿当中一名占卜官员手持的蓍草。

这是习俗，也是神圣的仪式。占卜的数字结果，关联着帝王家能相传多少世代。官员停止了计算，显然已经得出了结果。晋武帝略直起身，紧张地等待着上天的预示。

“回……回陛下，所得为……为……为一。”官员声音颤抖地报告。

皇帝双眉紧皱，面沉似水：一，一代而亡的一？

群臣相顾失色，哑口无言——我们贺表都写好了，老天竟然给我们看这个？哎呀，今天还能不能平安下班了？上朝前跟家人道别了没？啊，眼前仿佛看到了过世数年的祖父大人慈祥的微笑……

正当脑子不够转的同事们乱想一堆有的没的之际，侍中裴楷走上前，不理会大家投过来的怜悯眼神，朗声说道："臣听说，'天得一以清，地得一以宁，侯王得一以为天下贞'。今天占卜出来的，正是这个'一'啊。"

这话出自《老子》第三十九章，意思是天得到一就会清明，地得到一就会安宁，侯王得到一就可以成为天下正统。裴楷引用这话的深意是：陛下啊，您这"一"并非一代而亡之"一"，乃是一统天下之"一"呀！

晋武帝顿时龙颜大悦，群臣也都啧啧称赞。这马屁拍得多漂亮、多恰当，这才是读《老子》的正确方式嘛！御厨，晚饭给裴侍中加鸡腿！

然后呢，时光如水，岁月穿梭，命运的齿轮吱吱嘎嘎地转动着。晋武帝创立的西晋存续了五十一年，被少数民族灭了。如此看来，这个占卜出来的"一"，也有可能预示着"享祚（zuò）"年份的零头……反正马屁拍完了算数，后续的事，裴侍中可就管不着了。

西晋皇室经过内忧外患一顿折腾，人也都折腾得没剩几个了。宗室亲王司马睿，在晋朝贵族和江东大族的支持下，于公元318年在建康（今南京）称帝，开创东晋，史称晋元帝。名字是挺响亮的，可是司马睿在宗室里地位就不算高，也没啥显著的功业，这一下跑到人生地不熟的地方当了皇帝，事业压力太大。看这个，挺可疑；看那个，不靠谱。这人压力一大，多半爱倾诉。司马睿在刚刚渡过长江的时候，就对江东豪族顾荣说："寄住在他人的国土上，心里常常怀有惭愧之感。"顾荣跪下来对答道："我听说帝王以天下为家，因此殷商先是建都在耿邑，然后迁到亳邑，没有固定的地方。夏禹所铸的九鼎，到了周武王时期迁到了洛邑。所以希望陛下不要把迁都之事放在心上。"

这里所用的典故都不生僻，类似于盘古开天、三皇五帝，本身没有难度。可贵之处在于，拍马屁的顾荣代表着江东士族，他说话是在表态呢。他用殷商夏禹指代司马睿，意在表明江南大族承认了，您就是“华夏正统”的权威呀。马屁拍到了点儿上，这正是偏安一隅、初来乍到的皇帝爱听的。

晋元帝感动得泪汪汪：朕很欣慰！

就是嘛，人得心大一点，想开一点。您觉得自己千里迢迢逃跑过来，正统性不足？那还有篡位的呢！

（晋元帝：什么！又有刁民想害朕？）

咳咳……当然晋元帝是没赶上了。但他后来的命运也够惨，被权臣气得半死乃至全死，皇权也给架空，不过到底还算是保全了帝位。从此之后，先天不足、后天失调的东晋皇室，始终缺乏底气，任人摆布。公元 372 年，权臣桓温一手行使废立大权，放逐当时的皇帝司马奕，立会稽王司马昱，史称简文帝。司马昱本是个风度翩翩的名士，此番当了个提心吊胆的傀儡皇帝，心情非常郁闷，不时以泪洗面。对待神经高度紧张又有文化修养的皇帝，说话更要小心，以免刺激他丰富的情感。尚书左丞顾悦和简文帝同龄，但头发很早就白了。简文帝问他：“你为什么头发白得比我早呢？”顾悦回答：“蒲柳之资，望秋而落；松柏之质，经霜而茂。”因为您是那经受秋霜也依然茂盛的松柏，我是那没到秋天就开始掉叶的蒲柳呀！

（简文帝：什么掉叶？那是谢顶好吗？）

呃，掉叶确实和白发这个意象不是很相称……不管怎么说，把领导比作坚实硬朗的松柏还是很得体的嘛，仓促之间能说出漂亮的骈句已经不容易了。孔夫子说过“不学诗，无以言”，这话很对。读了诗，学会花式联想和连篇比喻，夸起人来更为自然生动，一本万利！

当然啦，被比作松柏的简文帝并没能“经霜而茂”，当了八个月的傀儡皇帝之后，成日以泪洗面神经兮兮的简文帝郁郁而终。

皇上心里苦哇，但皇上不说……也没处说去啊!

东晋也随之江河日下。公元403年，桓温的小儿子桓玄，逼晋安帝司马德宗“禅让”皇位，改国号“楚”。这个国号起得真不吉利，想想陈胜吴广的“楚”，再想想项羽的“楚”，有一个能成气候的没有。桓玄就不怕这国号把他“杵”阴沟里头。好吧，这且不提，单说桓玄当了皇帝之后，有一天坐榻稍微下陷，群臣大概也是对领导的德行信心不足，于是大惊失色，相顾无措。紧要关头，一位侍中勇敢地走上前来。

侍中，又见侍中。请记住这个出拍马屁人才的官职吧，它本是一个正式官职之外的附加职位，因为和皇帝关系密切，实际上相当于宰相。这位侍中叫殷仲文，他徐徐进言道：“这大概是因为圣上德行深重，就连厚重的大地也承载不起吧。”大家一起松了一口气：“殷侍中说得对呀!”

对什么对!你们不应该追究厂家质量吗，这才买几天就塌了。

可能桓楚的君臣们也顾不上了吧。几个月后，桓玄创立的楚王朝就土崩瓦解，轻佻暴戾的桓玄众叛亲离、死于非命。十几年后，东晋也灭亡了。与政权的渺若云烟相比，殷仲文的马屁却永存史册，光照汗青。由此可见俗话说得好，千穿万穿，马屁不穿啊。

好啦，说到这里，你是不是有点跃跃欲试，想要在拍马屁界小试牛刀了。且慢，拍马屁必须做到典雅、贴切、自然而然，做到捧人的和受捧的都不掉价，实现双赢。马屁拍得好，那叫先例;拍不好，很容易成了先烈，可就得不偿失了!

——马屁没拍好，下车!

据说，在晋武帝时代，荀勖担任中书监，和峤担任中书令。按照惯例，中书监和中书令一向是同乘一辆车的。和峤性格方正，常常痛恨荀勖的奉承讨好。等到公车来了，和峤就先上车，正对着前面端坐，根本就没给荀勖留位置。荀勖只好重新找车，这才能走成。从此以后，就开了中书监和中书令分别坐车的先例。

看看，马屁没拍好，倒把自己名声拍臭了，不仅被同事嫌弃，还增加了公务用车运行成本和政府财政负担，差评！

——马屁忘了拍，看刀！

袁宏当初写《东征赋》时，一点儿也没有提到大将军陶侃。陶侃的儿子陶范一看就不干了。将门虎子很生气，后果很严重！于是，陶范把袁宏骗到一间小屋中，抽出一把刀来对准他说："先父长沙郡公有如此辉煌的功勋业绩，你写《东征赋》，凭什么把他忽略掉？"袁宏吓得够呛，没办法脱身，好在他脑子灵光，赶紧亡羊补牢，就说："我大大地称赞了长沙郡公陶将军，怎么说一点没提呢？"而后，袁宏临场现编，吟诵道："精金百炼，在割能断。功则治人，职思靖乱。长沙之勋，为史所赞。"陶公的功德在于安定人心，职责是平定叛乱。长沙郡公的功勋，被史家所赞颂。

好险哪，好险。

——马屁拍过头，挨揍！

名士周顗担任东晋吏部尚书时，一天夜里在官署发病，情势危急。当时刁协当尚书令，设法全力营救病人，表现得非常亲密友好，过了很久，周顗的病情才稍有减轻。第二天早上，周顗的弟弟周嵩听到消息急忙赶来，刚刚进门，刁协就下了坐榻对周嵩大哭起来，说了他哥昨天晚上病情危急的状况。周嵩听后，并没有感动地流下热泪夸奖刁协，反而劈面打了他一巴掌。刁协躲到门边去，周嵩走到哥哥面前也不问病情，直截了当地说："您在洛阳时与和长舆齐名，如今怎么会跟专门奉承人的刁协有什么交情！"说完就走了。

和长舆，就是不让拍马屁同事坐车的和峤。刁协平日遭人诟病，这次刻意亲近又用力过猛，不但没落好，还挨了打。

不过得说一句公道话，刁协毕竟也算救死扶伤。周嵩觉得刁协配不上和你哥攀交情，你倒是接手啊！就这么耍帅地走了？你哥可能还需要再抢救一下呢！

看到这里就该有人打退堂鼓了，我确实不会说话怎么办，难道一辈子死宅在家吗？并不是，你还可以卖一个耿直的人设！

东晋名臣王述成名较晚，当时很多人觉得这小伙子挺傻气。丞相王导因为他出身好，还是征召他来当属官。大家聚在一起，王导每次发言，大家都争相赞美。坐在末座的王述说："长官不是尧舜，怎么可能事事都对？" 王导非常欣赏他的话。可见不善言辞的人摆出一副爱咋咋地的样子，有时反而会有良好效果。

最后，郑重介绍一个拍马屁的万金油宝典，那就是：夸大家都好看。

有人去拜访太尉王衍，遇到王衍的堂兄王戎、堂弟王敦、王导在座；到另一个房间去，又见到王衍的两个弟弟王诩、王澄。回家后，告诉别人说："今天走这一趟，满眼都是珠宝美玉。"

看人家这情商多高，一句话夸主人全家，又省事，又哪个都不得罪。就好比《红楼梦》里，南安太妃来给贾母贺寿，宝钗、湘云、黛玉、探春前来见礼，太妃拉着诸位姑娘的手细看一番，笑道："都是好的，让我夸哪一个！"

Jī Yīn

基因

释义：

在整容技术不发达的古代，长得好看的人，生出来的孩子必定不会差。投胎到美人世家也是个技术活啊朋友们！

范例研究：

魏晋时期，投胎首选琅琊王氏跟陈郡谢氏，这两大家族都是当时公认的美男子家族，家族中的男孩子都帅得不得了，《世说新语》里大半篇幅都是这两大家族的八卦。南北朝时期北齐高氏的基因也不错，不过由于近亲通婚，老高家的人普遍有点儿不正常，不推荐大家穿越时投胎到他们家。

05

一家人都长得好看是一种怎样的体验

文/玳瑁梁

假如有一天，古代穿越的科技手段和服务质量都已成熟，你会选择穿越到魏晋时期，当一个风流名士么?

你毫不犹豫地打开手机 APP。

请选择时代。

——东晋。

请选择家族。

……呃?

面对第二步就选择困难症的你，APP 好心地解释：琅琊王氏，风神俊朗，满门高官呀。对了，王家人都擅长书法，你有更大的概率写出一笔好字哦；陈郡谢家也不错，一群芝兰玉树，活得挺滋润，普遍诗写得不错，后来——

你听了觉得区别不大，随手选了姓王。

穿越 APP："请在以下几个选项中选择穿越角色的寿命。A.20 岁。B.30 岁。C.40 岁。D. 根据角色命运随机生成。"

D 是什么鬼！但前面三个也太短了吧！你只能憋屈地选了 D。

好啦！穿越请闭眼。咔—— 一阵白光闪过……

睁开眼睛，你已经是一名十来岁的儿郎，姓王名晓，字透明。你面如凝脂，目若朗星，身姿似柳，气度如松，照照镜子，好看得自己都找不着北。正在得意之际，走来一个风姿俊爽的中年男子："阿透啊，为父要你去拜见叔伯爷爷王丞相，须要懂得礼数。"

"……好吧。"

角色设定的父亲大人上下打量你一番："还算体面，可惜比我年轻的时候差远了。"

满心不悦的你好歹出了门，去了你大名鼎鼎的叔伯爷爷王导家。王丞相正坐在榻上，拍着容貌俊美的二儿子王恬的肩膀："你呀，就是长得好看，才学和容貌不能相称。"王恬笑着回答："有人说我样样都像您。"

这时，谈政事的人们蜂拥而至。你挤在人群中不得上前，只好退了出去。王导的第五个儿子王劭进来，你听见有人远远望着他说："这孩子确实有他父亲的风采。"

难道成为世家子弟的代价，就是生活在"你像你爸爸 / 你不如你爸爸 / 你比你爸爸好看 / 你爸爸没有你难看"的各种评价之中。

好吧，就算才能不如前辈，还可以走另外一条成名之路！不是有人说多喝点酒、读读《离骚》什么的，就能当名士吗。走，看看青山，喝喝小酒，投奔堂叔王羲之去！

王羲之当时正在会稽，此地风光绝佳，大画家顾恺之形容为“千岩竞秀，万壑争流，草木蒙笼其上，仿佛云蒸霞蔚”。你欣赏着美景，堂叔热情接待你：“阿透都长成……嗯，长这么……大了。你比你父亲——”

啥也别说了。咱还是谈谈世界和平，不是，吃喝玩乐的事吧！

你参加堂叔举办的山水雅集。天朗气清，耳听流水，沐浴惠风，何等惬意！你再看向四周，客人们已经坐满了。谢安风姿优美谦和，他弟弟谢万神采焕发，一副意气昂昂的倨傲模样。随后是王羲之的几位公子，都是相貌堂堂：王凝之散淡随兴，王徽之风流慵懒，王献之形容最小，也最为俊秀。

你正在庆幸你的角色设定是独生子，不会被这么多好看的哥哥弟弟碾压，然而一旁的王献之看了看你，默默地把自己的坐垫挪走了。

挪走了……走了……了……

自尊心遭到一万点暴击！请求退出穿越！

APP 提示：没门。

你只有含泪举起杯，化悲痛为酒量。原来名士派头就是不理人啊！

那可不。王徽之是出了名的想怎么着就怎么着。有一年冬天，白天下了一整天雪，到了晚上才停歇。天空月色澄明，大地银装素裹。王徽之一面欣赏美景，一面饮酒，还吟咏着左思的《招隐诗》：

“杖策招隐士，荒涂横古今。岩穴无结构，丘中有鸣琴。……非必丝与竹，山水有清音。”

他由诗中的隐士，想到了邻近隐居的朋友戴逵。这般琉璃世界清朗乾坤，何不去见见老朋友呢。来人啦，备船！

一叶扁舟连夜出发，等到了戴逵住处，已经天色微明。王徽之走到戴逵家门口，忽然又转回身走到河边："船家，回去！"

船夫："这还让不让人睡会儿了——我说您怎么不进去呀？"

王徽之悠然回答："本来就是乘兴而来，现在兴尽而返，何必见到戴逵本人呢。"

戴逵内心 OS：原来我代表的只是一个地理位置……

不单单对朋友如此随性，对领导也一样。王徽之曾在车骑将军桓冲手下担任弼马温——啊，不是，骑兵参军。这个职位要管马匹的事，可他照样是毫不放在心上，整日披头散发，衣冠不整，游山玩水，不务正业。桓冲有一天遇到他，故意问他担任什么官职？王徽之回答："好像是马官。"

"管了几匹马？"

"孔夫子教导我们说，不要问关于马的问题。"

桓冲硬着头皮又问："……最近马匹死了多少？"

"活着的都不清楚，何况死了的。"

"工作的事，你得走心啊！"

王徽之凝望着遥远的天际线："西山今天早晨的天气好清爽呀，呵呵呵。"

（桓冲：你逗我呢？！好吧看在我哥桓温和你爸爸是朋友的份上我就忍了！）

看在爸爸的份上？他弟弟王献之认真起来连自己爸爸都不服。

谢安有一次问他："你和令尊比起来，谁的书法更高明呀？"王献之说："各有所长，风格不同罢了。"翻译成大白话就是：我写的比我爸好。谢安笑道："外界的评论并不是这样的呀！"王献之傲娇地一扬头："他们懂什么！"

这可真是对外争辩不避上级，对内争辩不避亲戚啊……由此看来，他们对看不上眼的客人视若无物，那不是太正常了吗。

你长叹一声，暂停计算自己的心理阴影面积。既然王谢齐名，谢安看上去挺有修养的，你决定去他家拜访一下。

进了门你就后悔了。现在说尽兴而返还来得及吗？急！在线等！

倒不是有什么危急情况，而是谢安正好在和他的子侄们高谈阔论，一屋子的漂亮人物抬头打量你，你就说吧，紧张不紧张？刺激不刺激？

好在主人为人通达，教导有方，他们对你都还挺客气。侄子谢玄率先开口寒暄："阿透现在读的什么书？"

近来读的？你脑海中蹭蹭蹭冒出七八个微信公众号，只好打哈哈企图含糊过去："那个，无非是，《楚辞》啊，《诗经》啊……"

谢玄眼睛一亮。

"诗经中最喜欢哪一句？叔父认为'讦谟定命，远猷辰告'最好；我喜欢'昔我往矣，杨柳依依，今我来思，雨雪霏霏。'阿透你呢？"

你张口结舌。

好在谢安笑道："我说的这句最有雅人深致，你们慢慢体会吧。"你赶紧频频点头，作体会状。

谢玄看你一眼，不好再问。

谢朗叫着谢玄的小名说道："阿羯，你别卖弄文采了。谢道韫姐姐说你近来没什么长进，究竟是沉迷俗务，还是天资有限？你怎么说呢？"

大家都笑了起来。谢玄却不生气，不紧不慢地对谢朗说："胡儿，那次叔父让你和姐姐咏雪，你张口来了一句‘空中撒盐差可拟’，姐姐则说，‘未若柳絮因风起’。你素来学问好，口才好，支道林大和尚都辩论不过你，怎么一下子让我姐姐比下去了呀？是沉迷俗务呢，还是天资有限呢？”

谢安的小儿子谢琰看见两位堂哥就要互相抬杠，适时插进话头：“自从道韫姐姐嫁给了王凝之，就不能经常听到她的清谈了，真是遗憾！”

谢玄道：“可不是。有一次王献之和客人清谈，渐渐理屈词穷，眼看就要输了。姐姐就派婢女传话说，愿意为小郎解围。那当然好啦！姐姐就坐在帷帐里，接着话题往下说，把客人说得甘拜下风。姐姐也算得上是运筹帷幄的女中诸葛吧？”

谢琰道：“可惜呀，女诸葛看不上自己的夫君，上次回娘家，父亲还劝她说，王家名门世族，王凝之也算是青年才俊，你为何这么不满意？姐姐说，我们谢家，前辈之中，有伯父谢尚、谢据这样的人物；同辈兄弟，又有阿封、胡儿、阿羯、阿末作为后起之秀。想不到天地之间，竟有王郎这样的人——啊哟。阿透，我不是有意的……”

谢玄推了堂弟一下，谢安瞪了儿子一眼。你作为“王郎”之一，恨不得找个地缝钻进去，不在天地之间待着了。设定选择“随机生成寿命”，是不是为了方便你随时羞愧自杀啊！

谢安徐徐说道：“那是凝之为人厚道，所以才由着你们取笑。阿透有一个堂叔王恬，小名叫阿螭，模样好，武艺好，隶书写得好，很有名气。有一次我和谢万路过吴郡，他非要去拜访这位王郎。我就劝他说，人家不会理睬你的，还是不要去了。谢万不听，我就让他自己去。结果呢？王恬看他来了，稍后就进屋洗头去了，洗好了散着头发坐在院子里晒太阳，理都不理他。谢万很委屈地回来跟我说，阿螭是一个真实不做作的人。”

你若有所悟。谢安又道："说起这些来，是想告诉你们，别人不理你，多半是因为他自己的缘故。或者是个性强，或者是那会儿心情差，未必是你不如人。况且，就算你比天下人都强，也总会有人不理你，你难道还非要他改变想法？你心有丘壑，追求上进就是了，不要在意这些事情。"

啊谢安谢太傅！你简直就是一锅活动的心灵鸡汤啊！

谢安笑道："我啊，总是盼着你们优秀，想想也是有点可笑。子侄后辈好不好是他们自己的事，和长辈有什么关系，为什么一定要让他们好呢？"

这次，谢玄应声回答："这种心情，譬如是芝兰玉树这样美好的香草佳木，想让它们生长在自家门庭台阶边上罢了。"

一座欢然喝彩，你也心旷神怡。等游戏结束，你就可以回家上网回答"全家人都长得好看是怎样的体验"了。虽然有时候会被家人的光环勒得半死，但能生在一个美人圈子里耳濡目染，到底是一件好事呀！

Piān Jiàn

偏见

释义：

长得好看的人说什么都对。

范例研究：

国民偶像潘安每次出街，都会遭到粉丝的热情围堵，大家不光看美人，还给潘安投喂水果蔬菜，表达自己对偶像的喜爱之情。

大文豪左思看了很羡慕，虽然自己长得丑，但好歹也是造成过“洛阳纸贵”轰动效应的大名士，排场待遇不会比潘安差吧。他学着潘安的模样，大摇大摆地上路了。万万没想到，还没走两步，迎面而来一位老妇，吐了他一脸唾沫。

吃瓜群众才不看什么心灵美，大家就是理直气壮地以貌取人！

06

对呀 我们就是以貌取人

文/玳瑁梁

西晋，洛阳街头。一辆车缓缓驶过，车上坐着一个衣饰考究、美如冠玉、姿容宛妙的翩翩少年，手里还闲闲地捏着一柄弹弓。随之而来的，是不亚于今日粉丝团们的尖叫和骚动。

“快来呀！潘郎来啦！姐妹们手拉手组成人墙别让他走了啊！”

来的是谁？不是别人，正是把自己的名字活成了千古美男子代名词的潘安。洛阳城里的大姑娘小媳妇老妈妈们全都跑了出来围着美人看，还热情地往车里投喂，啊不，献上水果，数量之多，竟然能达到装满一车的地步。如果潘安有志于开个生鲜超市什么的，这倒是一条勤劳致富的新路。

美男子潘安是不是一个人美心更美的典范呢？才不是哩。他没什么政治节操，只是一个趋炎附势的庸人。他拼命巴结当时的权相贾充，那股“望尘而拜”的谄媚劲，和他标榜志趣高洁的诗文相比，落差实在太大。一千年之后的元代诗人元好问，读到这段历史也忍不住叹息："高情千古闲居赋，争信安仁拜路尘！"可是这都不影响他成为洛阳人民的大众情人。你跟魏晋的吃瓜群众说什么心灵美才是真的美这种废话，保准人家扔你一车石头："长得美就是王道，哪来的疯子妖言惑众，快滚！"

北方如此，南方也一样。西晋灭亡之际，很多中原人都逃到了吴地（长江下游南岸一带），其中就有盛产美男的庾亮一家。庾亮姿容俊秀，他侄子庾统也风姿出众。庾统和几个弟弟一起赶路，好不容易到了吴地，得找个宾馆住。正好路边有一座驿亭，就打算在那里休息。几个弟弟先进去了，看见满屋都是平民百姓，这些人一点回避的意思都没有。

弟弟们灰头土脸地出来了："赶上逃难黄金周，房间订满啦！"

庾统说："我试着进去看看吧。"他拄着手杖，扶着一个小童，范儿十足地走进驿亭。刚一进门，旅客们望见他的神采，一下子都退开了。

"有美人进来了！老乡们，咱别处歇着吧，哪配得上跟他一个屋子里待着呀！"

完美清场。相比之下刷卡太低端了吧？人家靠刷脸就轻松搞定。

长得美，就是 VIP！

普通群众如此奔放，见过世面的妹子也挺直截了当。有个叫宋祎的歌姬，长得漂亮，擅长吹笛。她以前做过大将军王敦的姬妾，后来归属谢尚。谢尚是东晋名相谢安的从兄弟，貌美旷达，多才多艺。谢尚有一次参加宴会，主人问他："听说你会跳鸲（qú）鹆（yù）舞，大家都想一睹风采，不知你能不能满足众人的心愿呢？"谢尚爽快地应了声好，站起身来，穿好衣服，戴上头巾就跳了起来，舞姿矫健，赢得满堂击节称赞。就是这么风流倜傥。谢尚问宋祎："我比王敦怎么样？"宋祎回答道："王敦比你，就如同乡巴佬比大贵人。"要说侍奉新主贬低前任，一句“固不如也”就足够了，这踩旧主踩得也太发自内心了吧。谢尚固然是建功立业镇守一方的人才，但王敦也曾经是支撑起东晋江山的人物，怎么就成了乡巴佬呢?《世说新语》记载这段，结尾处非常适时地补充道：“她这么说，正是因为谢尚长得妖艳动人呀！”

什么也别说了，长得好才是真的好。功业？功业是啥，可以吃吗？

魏晋社会，全民唯美。如果自己长得俊，那肯定要变着法儿地秀给大家看。要是能生个好看的儿子，也可以坦然地拿出来显摆。

《晋书》记载，名士王濛长得特别英俊，时人评价“如神仙中人”。这个王神仙呢，经常对着镜子照个没完，还自言自语地说：“王文开竟能生下这么漂亮的儿子！”王文开者，他爸爸也。

我怎么长得这么好看呀！我都替我爸爸自豪啊！爸爸你能生下我这个儿子真是三生有幸哟！我叫你的名字这种小事你肯定不会介意是不是！

不知道这个王老爹究竟怎么想的。另一位西晋名臣王浑，他倒是确实对生了个漂亮儿子很自豪。有一天，王浑和夫人钟氏坐在一起，正值儿子王济从庭前经过，王浑见儿子风姿俊爽，欣喜地对夫人说：“看咱儿子多漂亮，生儿子能如此，足够令人宽慰了。”

按理说每个母亲都应该点头附和才是吧？并不！只见夫人启朱唇，发皓齿，微笑着款款说道：“我要是嫁给你弟弟王沦，生的儿子比这还漂亮呢！”

王浑一脸黑线：你你你，你一句话踩了我们爷俩！扎心了啊老伴儿！

用儒家伦理衡量，妇女理直气壮地称赞小叔子比丈夫好看，绝对已经算是伤风败俗了。然而《世说新语》欣然将其列入“排调”篇，认为这是幽默的调侃。既然美是全社会的共同追求，女人凭什么为了避嫌就不能审美了呢，谁说女子不如男。

名士山涛的夫人韩氏也是这样想的。山涛和两个大帅哥嵇康、阮籍是好朋友，请他们来家里作客，韩氏就劝丈夫把他们留下来过夜，并要求见识客人的风采，山涛欣然同意了这个一听就是蓄谋已久的主意。韩氏凿通了隔壁的墙去偷窥，"达旦忘返"——直到天亮都忘了回来。

夫人你看的时间也太长了吧？熬夜追电视剧也不是这么个追法啊。可是山涛却不急，他进屋问妻子："你觉得他俩怎么样？"韩氏也直截了当地回答："你才情志趣远不如他们，正应当以见识气度和他们结交。"山涛点头认同，完全不觉得妻子偷看帅哥一晚上有什么不对。两口子志同道合，家庭其乐融融。

长得美，甚至微妙地动摇着权势者的心意，影响着政局。这可不是传统意义上的"红颜祸水"，而是单纯的欣赏和怜惜。说白了，纯粹就是以貌取人。

比如简文帝司马昱，风度华美，器量高雅。他美到什么程度呢？史书称其"轩轩如朝霞举"，同事们都说，办公室采光不好缺乏照明，大家上朝也没精打采，结果司马昱一进来，整个朝堂像是亮起来了。好家伙，漂亮得自带聚光灯。据说，权臣桓温向来到了他面前就不大会说话，想来应该是一副痴汉脸的样子，把词都给忘了吧。后来桓温废掉司马晞，立司马昱为帝，需要自己去跟司马昱说明此事。桓温想起自己这个爱忘词的老毛病，就预先准备了一个讲话稿，洋洋洒洒几百句。结果到了简文帝司马昱那里，刚一露面，简文帝就默默流泪不止。桓温感到十分羞愧，一句话也说不出来就跑了。

好了好了，美人别哭了，我什么都不说了行不行。

要知道，桓温可是手握重兵，司马昱却手无缚鸡之力，处理政务慢吞吞，没有实干经验，连稻子都不认识，没有任何外在的实力可以压制桓温。所以桓温这种反应，除了"颜控"，还能怎么解释。

只要长得好，办事水平和人缘也能抢救回来。

例如像是"丰年之美玉"的庾亮。他是东晋皇室的外戚，曾经大权独揽担任辅政，然而他措置乖谬，大失人心，后又执意行事，酿成了苏峻之乱，导致朝廷倾覆。捅了这么大娄子，赶紧跑路吧！庾亮便和同事温峤一起到权重兵强的陶侃那里求援。陶侃就是大诗人陶渊明的曾祖父，当然这是后话了。陶侃觉得苏峻之乱就是庾亮一手造成的，加上此前有些私怨，还没见到庾亮，就放出话来说："杀了庾亮都不足以平民愤。"庾亮听说，十分害怕，不打算去冒险了，温峤却劝庾亮去见陶侃。庾亮还在犹豫，温峤说："那个江西佬我了解他，你尽管去见就是了，根本用不着担心！"

庾亮只好横下一条心，前去见陶侃。他做了充足的准备，态度诚恳，言辞得体，加上容貌的加持，让陶侃一看到庾亮的风姿神态，马上就改变了原来的看法。两个人叙谈宴饮了一整天，陶侃对庾亮喜爱推崇到了顶点，之前那些想法早就抛到了九霄云外，颜值攻略再次成功。

大家看脸看成了习惯，审美无时无刻不在发挥作用。文学家陆机有一次度假结束返回洛阳，携带了不少行李，结果走到半路，遇到了一群强盗。陆机坐在船篷里往外看，只见一个少年坐在岸上，手持宝剑指挥抢劫，有条不紊，令出如山。再看脸，啧啧，这小伙子真是非同凡俗啊……

家人："老爷！老爷您发什么呆啊！行李都抢没了！"

一句话提醒了陆机，他远远地对少年喊道："你的才能如此杰出，甘心做强盗吗？"

对方听到这话，竟然停下了指挥的手势，打量了陆机片刻，丢下宝剑上了船。家人吓得不轻，却见来者并无敌意。强盗少年叹息说："我也不甘心当盗贼，正是局势所迫，不得已而为之啊！"陆机更加看重他，请他坐下述说自己的志向。少年慷慨陈词，说到激动处还掉了眼泪。

果然是个人才！陆机问："你叫什么名字？"

"我叫戴渊。"

“我看你器宇不凡，定有出头之日！”

（家人：“那个啥，戴大侠，行李先还给我们吧？”）

陆机这话并非虚言敷衍，他就此与戴渊结为朋友，写文章推荐了他。晋室渡江之后，戴渊官至征西将军。

这，可以称作是浪子回头金不换、以貌取人挽救失足青年的一段佳话吧！

Lù Rén
路人

释义：

你我这种在各大论坛发个帖都没几个人理的人，就是传说中的路人。没入选《世说新语》，不是潮流魏晋人。

范例研究：

无。

如果穿越到魏晋，又没投胎到美男世家，别怀疑了，你八成成了当时嵇康、潘安、裴楷、王献之等美男的背景板。既然是路人，肯定也没什么故事流传，就安安心心地当路人甲吧！

07 当陪衬一点都不开心

文/玳瑁梁

同学，有没有兴趣参加一次东晋时期的海钓啊？同船的都是名人哦！有著名政治家、文化名流谢安、书圣王羲之、名僧支道林，从他们那儿听点八卦，都够你在江湖上吹一阵子的啦！

——听起来挺不错的是吧。

好，假定你是一个东晋的名士，有一天，和上述几个小伙伴一起乘船游玩。忽然间，狂风大作，波涛汹涌，船眼看就要翻了！大家都神色慌乱地提议要掉转船头回去，你自然也不例外。然而，你们说话都不算数，这船是谢安租的。但是他，好像神经反射弧特别长？就看他根本没理会眼前的惊涛骇浪，开开心心地抓着船舷，又是朗吟，又是吹口哨，根本没说半句正经话……谢太傅您别是吓傻了吧？船夫看谢安神态安闲，就继续摇船向前，根本不管你们发绿的脸色。风更急了，浪更猛了，你胆汁都快吐出来了，大家哭着喊着要回去，谢安这才慢条斯理地说:“这样看来，恐怕是应该回去了吧？”

众人一起表示：“赶紧的！”你内心恶狠狠默念了一百遍：“珍爱生命，远离面瘫！”

是的，谢安的反应在今天是没有安全意识，但是按照魏晋风度的标准，这叫气度和修养。在船上的各位，都被谢太傅的气场给碾压了，成为了人家的陪衬。

这种事在那个年代很多，传出来于颜面确实不大好看。幸亏你不过是在场众人之一，伤害指数要是以五星为限度的话，最多两颗星吧。要是当时只有你和另外一个人，而且你和这人此前名声都很好，一直分不出高下，那可就不大妙了。

比如王徽之和王献之，书圣王羲之的两个儿子。他们哥俩就遇上了一个考验人品的突发事件。王徽之是名士派，王献之是书法家，两个人都有美好的声誉。有一天他俩坐在一个屋子里，忽然，也不知怎么回事就着火了。王徽之蹭一下就窜出屋去，连鞋都没来得及穿。王献之呢，不慌不忙地喊了一声“来人呐”，让侍从搀扶着出了门，就像什么事也没发生过。世人从此就认定王献之比王徽之气度高明。

面对事故呆若木鸡究竟有什么好啊，可是那会儿的时代审美就这么奇葩。人们对色不更变的涵养如此热爱，有时候甚至是有事故要考验风度，没有事故就创造事故来考验风度。

啥，你说谁这么无聊？

东晋权臣桓温就这样干过。有一次，他和两位东晋皇室的亲王一起坐车，偷偷安排人在车前后敲锣打鼓，大喊大叫。武陵王司马晞吓得要跳车；桓温又看会稽王司马昱，表情恬然，端坐不动。桓温感动地跟别人说：“他真是朝廷中的贤人呀！”

这是贤人啊，还是植物人啊。掩面。

那么说，只要对危险反应慢半拍就能居于不败之地了吗？哪里有那么简单！有时候该说的话得说，该办的事得办，该拼着撕破脸就得撕破脸。

话说晋元帝想要废掉太子，改立他宠爱的郑妃之子，但是当时的舆论都认为废长立幼不合情理，加上太子也没什么错处，凭啥废了人家！和三流影视剧不同，皇帝并不是想怎么样就能怎么样的。晋元帝又是天下大乱跑到江南当上的皇帝，坐稳位子多半靠世家大族拥戴，这“舆论”其实也是当时士族们的共识，他是不能不忌惮的。想来想去，晋元帝想出一个调虎离山、先斩后奏的主意。他决定：把反对得最恳切的大臣周顗、王导先召进宫来，然后再试图把诏书递给亲信拿出去发布。这个计划就这样实行了，王导他们走到御阶前面，皇帝忽然让他们去东厢房等着。

快走呀，你们快走呀，朕好偷偷拿出传位诏书来呀！

周顗还没有反应过来，准备走了，王导却心如明镜。他一把推开传诏人，直接走到皇帝座位前，直统统地问：“不知道陛下传唤我们做什么？”晋元帝半天没说话，接着，从怀里拿出传位诏书，撕了扔王导一脸。

这一幕，多么有“你无情，你冷酷，你无理取闹”的琼瑶剧风格！当然，这么闹并没什么用，太子终于没有被废。周顗叹息道：“我一直觉得我比茂弘（王导的字）强，今天才知道远不如他！”这反应，这脸皮，这心理素质，是吧！我输了！

伤害指数：嗯，三星吧。毕竟表现得技不如人，陪衬也当得心服口服哇。

哦对了，除了海难、火灾、车祸、政变这样的极端场合，清谈也是一个严峻的考验！

清谈，类似主题性文化沙龙，大家——当然都是些名士啦，聚在一起探讨一些玄而又玄、不接地气的问题，堪称是魏晋时期的“最强大脑”真人秀。如果你思维慢半拍，马上就跟不上趟，搭不上腔，相当狼狈。东晋大臣、名士殷浩参加丞相王导的聚会，权臣桓温、名士王濛、王述、谢尚都在座。他们一起清淡到后半夜，王导和殷浩两个人交相辩难，其余几个人毫无插嘴的余地。第二天早晨，桓温对别人说："昨夜听殷、王二位清淡，非常美妙。仁祖（谢尚）也不感到寂寞，我也常常心有所悟。回头看那两位王姓属官哪，眨着眼就跟怕生的母狗一样。"

喂，做人要厚道呀，明明你们都插不上嘴好吗！怎么就知道王濛、王述他们听不懂，说不定只是没做好表情管理呢？可是这评价一出来，就给人留下先入为主的印象了。血的教训啊同学们！下次不论听没听懂，请一定要频频点头做心领神会状啊！否则你以为你表现不错，或者隐藏得相对安全的时候，忽然出现一位神补刀的家伙踩你一脚，那才真是防不胜防！

好在天理昭彰，报应不爽。不厚道的桓温在平定蜀地之后大办酒席，巴蜀地区的官僚士大夫全都来参加了。桓温素来气概雄壮，加上灭了成汉政权，更是春风得意，嗓门也高，语气也足，谈了一通古今成败、人才选拔之类的话题，大家都（不得不）感叹赞赏。酒宴散了，一个叫周馥的人，以前做过王敦的属官，此时就阴阳怪气地来了一句："遗憾啊，你们都没见过王大将军！"

让你嘚瑟？王大将军那才是我心中永远的白月光。何况搬出死人压活人，你再不服，也没法跟逝去的前辈争个高下！伤害指数：四颗星。

机智如你，此刻一定已经暗下决心：为了不至于当陪衬当得太惨，今后要做到，面对危险再害怕也要装面瘫；反应不过来的军国大事我少参与；清谈的时候插不上话也千万不要多眨眼。至于遇到先贤古人，那就让他们说去吧，反正死无对证，这也没办法争。

这样就足够了吗?

太天真!做名人难，做舌尖上的名人更难啊。再怎么谨言慎行，你总要露出脸来见人吧?这样就足够了。单凭貌不如人，也够你伤心的。

大家或许都听说过一个段子，美男子潘安出门，大家都爱慕地投赠水果;左思出门，因为貌丑，大家都吐唾沫。这事虽然相当炎凉，但因为左思本就丑陋，其实还算有点喜剧效果(左思：嗷!并不!)。如果你本来长得还可以，伤害更大。

骠骑将军王济是卫玠的舅舅，容貌俊秀，精神清爽，很有风姿。他每次看见自家外甥，都叹息说：“珠玉在侧，觉我形秽!”有一个漂亮得一塌糊涂的外甥，这么多年良好的自我感觉，都成了小鸟一去不回头哇。

不过，王济到底是自家人，感叹的成分多，伤心的成分少，自己抢先甘拜下风，反而显得很有修养。相比之下，魏明帝一家就比较悲催。他让皇后的弟弟毛曾与俊美的夏侯玄坐在一起。不知道他是偶然安排，还是心存比较之意。按照那个时代大家普遍的八卦心理，应该是后者成分居多吧!时评家果然也都“深体圣意”地没有放过这一幕，说毛曾和夏侯玄坐一起，就好比芦苇挨着玉树。这下子，魏明帝可谓弄巧成拙。

(毛皇后：凑合过呗!还能离是咋地?)

好好好，我认栽，我没有别人漂亮，我有气质可不可以?毕竟魏晋时代也不全是推崇美人，还推崇枭雄呢!

有这种想法的小伙伴，那么就请出前面神补刀又神挨刀的桓温来吧!他自视甚高，经常自比西晋名臣刘琨。后来他北伐归来，带回来一个曾做过刘琨家伎的老婢。老婢一见到桓温，就潸然泪下说:“您很像刘司空。”刘司空就是刘琨。桓温听了大喜，赶紧整理一下衣冠，让她好好看看，说说究竟哪里像? 老婢端详片刻，说："脸皮像，可惜薄了点；眼睛像，可惜小了点；胡须像，可惜红了点；身材像，可惜短了点；声音像，可惜娘了点。"桓温就像是挨了一闷棍，好几天都没缓过来。

老太太，您是自然发挥吗? 别不是政敌派来的终极大杀器吧!

伤害指数：五颗星! 妥妥的五颗星啊!

Hán Shòu Tōu Xiāng

韩寿偷香

释义：

比喻男女偷情。

范例研究：

“韩寿偷香”的故事告诉我们一个道理：长得好看的人才能勾搭上妹子，长得丑只会被别人爹打断狗腿。偷情有风险，效仿需谨慎。

08

许你一段风流往事

文/肖二十三

“你身上有她的香水味，是我鼻子犯的罪……”

香这个东西，似乎自诞生以来就备受大伙儿的钟爱。看现代女性，大把大把的钱砸在香水上，眉头都不带皱的。

咦？香水这东西一提，怎么觉得很 fashion 呐，列位看官，别以为咱老祖宗就是土冒，论用香，他们才是大家。

咱今天要唠的这位老祖宗，正是应了“香水有毒”这句话。他那追求自由恋爱的干劲，堪称后人效仿之典范。

老祖宗名叫韩寿，生于魏晋时期，是个顶级偶像。

《晋书》说得明明白白，他“美姿貌，善容止”。别人靠功绩载入史册，他可是靠帅遗存后世的。一句话，他在场，杨 X 李 XX 就得靠边站。

韩寿出生不错，官宦世家，年纪轻轻也有一手的好文采。这不，不用参加高考就被鲁郡公贾充看中了。这贾充可不得了，上得了朝堂下得了战场，斗得过流氓打得过文人，实力杠杠的。

这糙汉子也是个好命的，生的女儿个个都是大美人。

韩寿一不小心，就成了这户人家的幕僚，简称秘书。老板这么慧眼识人，韩寿怎么能不好好工作天天向上。所以，每次开会他都非常勤奋，有建议说建议，有抱负说抱负。总之，他的每一场论战都十分精彩，常常达到满堂喝彩的地步。

帅哥无意中露出的帅不重要，可电到女粉丝这就不得了。偏偏，这个粉丝还是老板最宠爱的小女儿……贾午。

原来韩寿帅哥每每谈笑风生的时候，贾午就躲在门背后偷窥他。越窥，越觉得这帅哥好帅。扑通扑通的小桃心，立刻就扑在韩寿身上了，贾午立刻问左右的人认不认得这帅哥，有一个婢女说出了韩寿的名和字，说是以前的主人。打听清楚了韩帅哥的姓名身高财产以及单身情况，贾小姐立刻害上相思病了。

白天想晚上想，已经到了失眠的地步。这会儿，婢女的红娘精神体现出来了。婢女去到韩寿家，说出了自家小姐的心意，而且还各种夸赞小姐艳丽过人、端庄无比。

我的天，原来有这么个大美人一直在关注自己啊。

韩寿听说后又感动又心动，连忙让婢女也转达他的心意。

一个巴掌拍不响，那两个巴掌完全能奏出摇滚乐了。韩寿小两口开始过上有滋有味的地下恋生活。

贾小姐思慕情郎，自然把最好的东西都给他，全球限量款香水，眼睛眨都不眨就赠与韩帅哥了。

“你身上有她的香水味，是我鼻子犯的罪……”韩大帅哥栽跟头，就是栽在这首歌上。要怪，只能怪老丈人鼻子没整过，好使得很。

女儿是老爸的贴心小棉袄，贾充把几个女儿拉扯长大，能不用心吗？作为一朝的权臣，看家本领就是察言观色。

怎么的，老是觉得小女儿最近情况很不对？

这天开会，韩寿又来了，贾爸爸坐在座上，随着韩秘书的侃侃而谈，他的脸色越来越难看。韩帅哥与贾爸爸的距离隔的很近，身上散发出来的香味，立刻就被贾爸爸闻出来了。

“时西域有贡奇香，一著人则经月不歇，帝甚贵之，惟以赐充及大司马陈骞。”

简单来说这香就只有贾爸爸和大司马陈骞才有。贾充立刻就老泪纵横了，香可是别无分号的奇货啊，咋的我的小秘书身上会有。淡定淡定，作为有经验的老干部，必须先沉住气。

自家的大白菜被猪给拱了，可怎么的也得查出是怎么被拱的吧。贾充一向对自家的防盗措施很有自信，现在更好奇韩寿咋进来的了。

所以一个夜黑风高的晚上，贾充故意设局，说有盗贼闯入自家院子了。有了这个冠冕堂皇的借口，他派遣家丁们一直围着院子查看。好吧，盗贼没抓到，得到了自己最不想听到的答案：“无余异，惟东北角如狐狸行处。”

什么狐狸留下的痕迹，这压根就是韩寿挖他墙脚的证据。贾充怒了，严厉拷问侍奉女儿的婢女，这下婢女们才如实招供。哑巴吃黄连，有苦说不出，贾充真想暴揍韩寿这混小子。

他有两个女儿，大女儿贾南风可是嫁给了太子，是未来的国母。档次这么顶级，所以小女儿哪能低了去。要当他的女婿，怎么想都应该是那些王公贵族，事实却是，韩寿近水楼台先得月了。

两个小年轻，背着他搞什么自由恋爱，女儿已经是人家的人了，他还能怎么办。仰天长叹，他只能如了女儿愿，把贾午许配给了韩帅哥。

韩寿偷香的典故就是这么来的。所以，帅的人的确比丑的人容易娶到媳妇。要是韩帅哥是个肥头大耳的猪头，这种好事哪能轮到他。历史把“韩寿偷香”与“相如窃玉”“张敞画眉”“沈约瘦腰”一起作为风流四事。隔着屏幕，都能感受到大伙儿对这厮的羡慕嫉妒恨。

而在韩帅哥与贾小姐上演的自由恋爱中，道具“香”体现出了它的重要价值。香配美人，韩帅哥因为帅才得到贾小姐的授香，贾爸爸因为香才察觉出二人异样并同意他们的婚约。列位看官，这就不得不回到我们的主题了。

魏晋超时代的审美观，随着经济重心南移，男子也开始崇尚长江流域婉约的中性美。剃须美、涂粉美、抹香美。爱美之心人皆有之，女子重打扮，男子更重仪表，男子们的爱美心在这个朝代得到了空前绝后的发展。不止韩寿，谁都喜欢在自己身上抹上异香。曹丕有一次薰香味太浓了，连他的坐骑都受不了，于是照着他的膝盖就咬了一口。所以说男子涂点香水，完全是顺应历史大潮流啊。韩寿偷香在别个朝代是为人不齿的，然而特殊的魏晋直接造就了一段才子佳人的风流神话。魏晋大时代的动乱，恰是儒家伦理处于劣势的反映，玄学盛起，佛教开传。某种意义上来说，魏晋的审美观念突破了传统束缚，有其特有的魅力与文化价值。

Chī Guā

吃瓜

释义：

从不发表观点，只围观热门八卦的吃瓜群众。各大热门事件里，都有他们忙碌的身影。

范例研究：

作为一名合格的吃瓜群众，首先消息要灵通。今天潘安去了哪条街，明天卫玠出现在哪个饭馆，吃瓜群众们都知道得一清二楚。其次体力要好，魏晋时期不比现在，刷刷微博就能知晓天下八卦，在那个时代当吃瓜群众，是个体力活。最后，当然是对八卦持之以恒的热爱了。

—— 不明真相的吃瓜群众留

09 魏晋群众八卦指南

文／肖二十三

呀，郑 X 素颜又上热搜了。咱们快组队围观。

网友们快看，李 X 桐又炮轰薛之 X 了。

嘿嘿，国庆长假又堵车了。与其吃那么多汽车尾气，还不如咱回家洗洗睡吧。

有这么一群人，担负着天将降大任于斯人也的重任，每日洞观时事，不辞辛苦。他们上知天文下晓地理，心系国家，爱护百姓，堪称 21 世纪三好青年。

横幅拉上，这群人有个非常厉害的专业称呼——吃瓜观众。

是的，你没有看错。今日的主角便是这群吃瓜观众。世上什么职业都不容易。要当一个合格的吃瓜观众，同样需要相当高的技术含量。

首先遇事吃瓜观众不能立刻发表意见，保持中立是必须遵守的职业道德。其次要坚守在一线岗位，事态发生后得第一时间当传递员。最后还要作出围观总结，发表出自身感慨。

当局者迷旁观者清，作为旁观者这个角色，把握的可是全局方向，那辛苦可远超过当事人自己。

所以说吃瓜观众，可不是那么好当的。古人云：有人的地方就有江湖，有江湖的地方就有纷争。说白了就是有人的地方就有八卦。八卦这个东西好，它可以排解众人的孤独，增强大家的人际交流能力。自然，中国历史这几千年，吃瓜观众早就存在了。

老祖宗的八卦战斗力，可一点也不比现代差。那些史料，多半得靠常年吃瓜的老观众传播。不说其他，就说接下来这几段八卦猛料，几千年以后看依然劲爆。

第一位要出场的嘉宾，名唤夏侯玄，魏晋时期有名的玄学家、文学家，是一个才高八斗、学富五车的有为青年。可惜了，他有个最大的缺点——身材太好。为什么说是缺点，因为他身材好到让皇帝嫉妒。

话说夏侯玄担任散骑黄门侍郎的时候，有一天皇帝要举宴，邀请函可是大 boss 亲自发的，作为小喽啰，当然得给老板的面子。照着镜子，夏侯玄仔细端详自己的穿着。没办法，人家底子天生就好，哪怕只抹层 bb 霜也能把其他人甩出一条街。

终于来到了宴会上，真不愧是老板的手笔，那架势人山人海，空前绝后。一见到夏侯玄，老板魏明帝很大方地招呼他。

“夏侯小弟，你来了啊。来来，去和我小舅子毛曾坐一起吧。”

夏侯小弟原本开心的脸立刻就龟裂了。理应来说这是老板对自己的厚待，要高兴。可是，真的开心不起来。怪只怪，魏明帝老板的小舅子毛曾……长得太歪瓜裂枣了。没有对比就没有伤害，他那小舅子本就貌丑，气质猥琐个头矮小，这下被夏侯玄衬着，更让人反胃了。全程夏侯玄都是一副不高兴的样子，安排白天鹅坐在癞蛤蟆旁边，这不是耻辱是什么。他嫌弃的行为没打算遮掩，老板魏明帝看得真真切切。

砰！大boss当场就摔碗了。“小样，你不给我面子还想领高薪水？把他给我贬了，贬去做羽林监。”

灰溜溜的，夏侯玄就这么被贬了。夏侯玄长这么帅，老板早就看他不顺眼了。有权利就是任性，贬你还有话说。

第二天，夏侯小弟就上了新闻头条，帅哥受难真让人痛心疾首啊。吃瓜观众看不下去了，他们立刻发挥战斗力，作下“蒹葭倚玉树”之评语。蒹葭倚玉树，蒹是荻，葭是芦苇，就是那些微贱、貌丑的化身，玉树指传说中的仙树或珍宝制作的树，比喻品貌之美。毛曾与夏侯玄在一起，不就是地球的两级，是极不对称的芦苇靠着玉树吗[①]？

皇帝贬夏侯玄，还能贬广大人民群众不成？夏侯玄的颜值在线，愣是让大伙为他打抱不平，作为帅哥，就是有不一般的绿色通道啊。

当了名人，夏侯玄的私生活当然也是大家关心的重点。

他有一次靠着柱子写字，当时下着大雨，雷电击坏了他靠着的柱子，衣服烧焦了，他神色不变，照样写字。而宾客和随从都跌跌撞撞，站立不稳。这样的他散发出的伏特电力，可比雷电厉害多了。顿时一大群粉丝被他迷得晕头转向。当时的吃瓜观众评论夏侯玄好像怀里揣着日月一样光彩照人，李丰精神不振的时候，就像玉山将要崩塌一样[②]。形容夏侯玄与李丰直接用日月与玉石这两个词，可见大众对他们的喜爱了。想想能得到吃瓜观众的好评，演技是其次，颜值可是第一位。

吃瓜观众的下一位偶像，是王戎。你的眼睛会放电，说的便是

①《世说新语》：“魏明帝使后弟毛曾与夏侯玄共坐，时人谓蒹葭倚玉树。”

②《世说新语》：“时人目夏侯太初朗朗如日月之入怀，李安国颓唐如玉山之将崩。”

这位帅哥。王戎，大伙应该不陌生。是的，就是那位不摘路边李的神童。

他曾与同伴在路边玩耍，见到旁有结满李子的李树，顿时，其他小孩子不淡定了，都去争着摘李子吃，只有王戎不动声色。他秉着你们辛苦爬树，我在路边捡石子的原则，完全不参与争抢。其他人很好奇，就问他为何如此，他沉着说道："树在道旁而多果实，果实必定是苦的。"之后其他小伙伴尝着摘下来的李子，果然是这样③。贪小便宜绝对没好下场，小小年纪，王戎就有这般见识，所以说长大了还得了。

《晋书·卷四十三·列传第十三》："戎幼而颖悟，神彩秀彻。"看到了吗？与别人不一样，王戎可是个童星，从小被人们喜欢到大。据吃瓜观众的爆料，王戎丰神俊美，能直视太阳而不目眩。他的电眼可不就是这样练成的，换个其他人与太阳对着干，还不得眼泪鼻涕一起流。就连当时的天王偶像裴楷都这样称赞他："戎眼烂烂，如岩下电。"有这位大佬的保驾护航，王戎小兄弟的星途前途无量啊④。

在王戎六七岁的时候，众人在宣武场看表演。当时猛兽在栅槛中咆哮，其他人都被吓坏了，争先恐后地跑，踩踏事件都发生了好几例，只有王戎站立不动，神色自如。没想到这小破孩儿的气质这么突出，魏明帝曹叡在阁上看见后，立刻路转粉，王戎小神童让他很想膜拜。出生不平凡，相貌不平凡，实力不平凡，王戎"小鲜肉"不圈粉，天理不容。

要说魏晋帅哥，怎么都不能把这位大神给忽略掉。这个人的存在，

---

③《世说新语·雅量》："王戎七岁，尝与诸小儿游，看道边李树多子折枝，诸儿竞走取之，唯戎不动。人问之，答曰：'树在道旁而多子，此必苦李。'取之，信然。"

④《晋书·卷四十三·列传第十三》："戎幼而颖悟，神彩秀彻。视日不眩，裴楷见而目之曰：'戎眼烂烂，如岩下电。'年六七岁，于宣武场观戏，猛兽在槛中，吼震地，众皆奔走，戎独立不动，神色自若。魏明帝于阁上见而奇之。"

连天地都失色。跨越历史长河，今日仍没有人敢与他相提并论。他，究竟是何人。

吃瓜观众一生最爱，粉丝团宠花美男潘安潘公子是也。

“潘岳妙有姿容，好神情。少时挟弹出洛阳道，妇人遇者，莫不连手共萦之。左太冲绝丑，亦复效岳游遨，于是群妪齐共乱唾之，委顿而返。”那强大的明星效应，放眼当今，谁能做到。潘安公子一回头，杨过爱上李莫愁；潘安公子二回头，法海也能用飘柔；潘安公子三回头，姚明改打乒乓球。像潘安这样的花美男，几千年才出一个啊！

潘安与夏侯湛都是极美的人，关系又好，堪称魏晋版林Ｘ新与赵Ｘ廷。两人同行同止，出则同车，入则同席，上朝下朝，喝酒唱KTV都是要约一起的。所以，吃瓜观众经常能见到这两人走一起的场景。哇哇，吃瓜观众大呼受不了，眼睛要中毒了。这两人待一处，太让人流鼻血了。瞧着他们俩的身影，就是连璧啊。双株并美，两璧相连，不是人间美景是什么？⑤

潘公子与其他人最大的区别，就是男女通吃。谁说粉丝只能是女性，潘安出场，男人为他动情的也不少。“我为他只落得心焦无聊，这离情怎消，谩赢得潘鬓沈腰。”潘郎的神韵啊，别人永远都达不到的。

吃瓜观众的最后一发炮弹，打的就是那“濯濯如春月柳”的偶像王恭了⑥。王恭胜在哪儿？他的气度与风华。这是个男版林黛玉，小小年纪名声就传得很远。王恭有着高尚的情操，那仪态，那身段，让人生不出恶感。濯濯如春月柳，像春天的杨柳一样光鲜夺目，这

---

⑤《世说新语》：“潘安仁、夏侯湛并有美容，喜同行，时人谓之‘连璧’。”

⑥《晋书》：“美姿仪，人多爱悦，或目之云‘濯濯如春月柳’。”

赞的就是他的暖男风度。

魏晋南北朝的文人，非常喜欢用鸟羽制作风衣，或直接当披风穿也可以。挥一挥衣袖那飘曳之感可不就出来了，当时称其为"氅衣"。这么时尚前卫的服装，创始人便是我们的王恭大帅哥。白雪飘飘，寒风瑟瑟，只见王恭大帅哥穿着洁白的鹤氅，乘着高舆出来赏雪，他与这天地皆为一色，剑眉凌眸，仙气飘飘。孟昶在竹篱后偷偷看他，都看傻了，咂咂嘴低喃道："这才是神仙一般的人物啊。"

这么多年过去了，鹤氅这种款式的衣服依然被文人雅士所追求，侧面也体现出，王恭受人喜欢程度。"春风濯濯柳容仪，鹤氅神情举世推。可惜教君仗旄钺，枉将心地托牢之。"衣如其人，王恭一生的性格就如同他创造的鹤氅一样，高贵不染尘埃。这个男版林黛玉，同样不与世俗同流合污，坚守着自身的立场。

沉鱼落雁、闭月羞花，这几个词除了形容四大美女，还可以形容这四大美男。

看看，这一个个花样美男，哪一个不是国家级的水平。所以说魏晋的吃瓜观众是非常享福的，随便出个门逛个大街都能偶遇美男。那时候要签名照，真是太容易了。

夏侯玄、王戎、潘安、王恭，几位花样美男各有各的美。也多亏了吃瓜观众的八卦，才让他们名存千古。而且他们不但是美的化身，还是高级知识分子的代表。颜值这东西，非常值钱，不过更值钱的，是美男们的名士品格。美玉配美人，他们几人的美，全都是由内到外的，文学上的建树，成篇成册；政绩上的成就，家喻户晓。

说魏晋盛产美男，倒不如反过来论证，是美男造就了魏晋。美男们追求的遗世独立，渺渺仙姿，这才有了魏晋的中性审美观，玄学的盛起。因为美得与其他朝代不同，所以魏晋文学是特殊又极有魅力的存在。要是以孩子的成长经历来形容这段历史的话，魏晋时期，可不就是孩子的叛逆期。我有我自己的思想，家长想转变我的态度，没门儿。

魏晋是继战国百家争鸣后的又一个学术盛世。这个年代的文人，皆善于思考。虽然人家不走寻常道,但功课一点都没落下。剃须抹粉，留香披发，敢于反叛腐朽的世俗，魏晋文人给后人留下这么个傲娇态度，就问你，服不服。

第三章

超级名士养成指南

01

门阀制度 想成为魏晋美男？基因真的很重要

文/抹什么茶

看了那么多魏晋美男的故事，你是不是感慨有些生不逢时，没有生在那个思想自由、美男频出的年代？恨不得坐着小叮当的时光机，咻一下就穿越回去，和魏晋狂士一样，戴着纶巾，踩着木屐，仿佛仙人姿态，衣摆飘飘，宛若仙人，再跟嵇康等名士来一波近距离接触，没准还能改写历史，成为“竹林八贤”之一，再不济得个墨宝，当做传家之物，那还不是美滋滋。

嘿，哥们儿，先把你嘴边的口水抹一抹，别白日做梦了，你要真能穿越回去，那还不一定能成为美男、狂士，要想成为魏晋美男子，那你投胎的时候可得先找好投胎对象了！

当你成功穿越，投胎到魏晋时期的一户人家，你钻出肚子以后先别急着哭，看看这家里什么状况，看看父母什么穿着，要是家徒四壁，父母看到你并没有很高兴，反而唉声叹气好像一副有人过来跟自己抢饭吃的模样，那你完蛋了，赶紧删档重来吧，这波魏晋穿越已经彻底宣告失败。

啊？你说你还能抢救一下，没准自己苦读诗书，是金子总会发光，早晚会被世人注意到，最后迎娶白富美成为大官走向人生巅峰？

没有的，这种事情不存在的。

你问我为啥？

那我们就得谈一谈魏晋时期的门阀制度和九品中正制。

门阀制度是封建等级制中的一种，形成于东汉，盛行于魏晋南北朝，古代的官宦人家大门门口有两根大柱子，显示出一种和穷人家截然不同的气质。别小看这两根柱子，它们有自己的名字，左边的叫做“阀”，右边的叫做“阅”，用来张贴功状，就类似于你爹妈把你三好学生的证书贴在墙壁上。

也正因如此，后人把这些世代为官的人家称之为“门阀士族”。

而在门阀制度发展的过程中，起辅助作用的是“九品中正制”，又称九品官人法。

九品中正选士制度，就是由中正官负责考察人才，按九品定级，朝廷再按品授官。

你没听明白？想要听人话？

好，我告诉你，这个制度的意思就是——

当朝的官位，他们达官贵人自己内部消化都来不及，哪里轮得到你小子！

就算你侥幸当了官，因为你的出身，估计也只是个芝麻官，事情多，福利少，动不动还被流放砍头。

但九品中正制起初并非是为了让达官贵人自己内部消化官位，而是为了让更多的寒门士子有参与朝政的机会。最早九品中正制的提出是为了对抗孝廉制度，孝廉制度是东汉末年的选官制度，初衷也是为朝廷物色人才，但随着时间的推移，孝廉制度就变了味，因为推举孝廉的机会就把握在门阀士族手中，用脚趾头想都知道发生了什么事情，父亲推荐儿子，儿子推荐孙子，哪里轮得到寒门子弟。

为了对抗孝廉制度，帮助朝廷更好地选拔人才，陈群提出了九品中正制，设置由中央委任的中正官去主持地方选举。

孝廉制度是由地方官主持，所以才会出现这种僵局，现在这个选举的主持人是我们中央派出的，相信就真的能为我们朝廷选到好人才了吧!

我不知道陈群提出这个制度的时候到底有没有想清楚点——中央派出去的人本身就是门阀士族出身的，怎么可能选寒门子弟呢。

因此九品中正制发展到后来，评品人才的时候还会考虑家庭和背景，世家子弟最少能得五品官位，寒门子弟最多能得六品官位，这就是所谓的“上品无寒门，下品无士族”。

用现在的话来说，这就是一个“拼爹”的时代。

再其次，如果你是农民出身，魏晋时期恐怕你连吃都吃不饱了，哪有时间去学那些狂士四处风流呢。

在魏晋时期，编户个体农民是受压迫阶级中人数最多的阶级，你想想你投胎出来时看到的黄土朝天的一幕，估计也该明白自己的境遇了吧。

吃不饱饭，还要受到剥削和压迫，这些都算了，可是平时国家还要征税啊，哇，你装什么傻啊，你以为是二十一世纪吗?还富人养穷人?还个税起征点?少来了，刚刚我们说的那些达官贵人高门士族哪里可能纳税啊!那钱哪里来呢?行了，你也别左顾右盼了，除了你也没别人了。对达官贵人而言，农民就像海绵，挤一挤还是会有税的。

嗯？你觉得自己不会这么倒霉，一下就投胎到最惨的等级？

拜托，投胎到个体编户农民已经算运气不错了好吧，魏晋时期的阶级大抵可以分为三个等级。

分别是贵族等级、良民等级和贱民等级。

贵族等级不用说了，皇亲国戚、高门士族都在其列。

良民等级包括了地主、农民还有个体手工业者。

还有吞田户和奴婢，那是贱民，投胎成那个真的惨了，那时候的人口拐卖和奴隶制度是很厉害的，又没有丹妮莉丝带着喷火龙为你主持公道，如果投胎成贱民，那你自求多福吧……

所以究竟该如何穿越投胎，究竟要投胎到谁家里，才能安安心心当一个不与世争的魏晋美男子？

很简单，投胎您请瞅准这几家！基因好，美男多，富得流油，准没错！

琅琊王氏

唐代诗人刘禹锡有一首脍炙人口的诗，其中有一句是“旧时王谢堂前燕，飞入寻常百姓家”，这首《乌衣巷》，入选九年制义务教育课本，想必大家在孩提时代就耳熟能详。据说白居易非常喜欢这首诗，曾经因为这首诗“掉头苦吟，叹赏良久”。这首诗描写了如今乌衣巷的衰败，又提及曾经乌衣巷的繁华，这强烈的对比迸发出一种难以言喻的怀古伤今的情感。而这首诗中的乌衣巷也因为见证了六朝豪族的兴衰，而让无数人心向往之。

琅琊王氏作为中华第一望族，世代居住在琅琊（今山东临沂），西晋末年永嘉之乱，“始家臯虞，后徙临沂都乡南仁里”，从此开创了家族贵显的先河，后经东汉魏晋南北朝至唐末约一千年，琅琊王氏一直如此繁荣，家族之中能人辈出，仕宦显达，或引领一代之风尚，或执一朝之牛耳，仔细算算，这个家族中竟有六七百人将名字深深烙印在中华的历史之中，而千百年后还有人能将他们的故事娓娓道来，这可真的算得上是传奇家族了。

这个家族单宰相就出产了九十二位，齐梁时期文学家沈约曾经说：“吾少好百家之言，身为四代之史，自开辟以来，未有爵位蝉联，文才相继如王氏之盛也。”足以可见这个家族的牛逼之处。

在中国所有的古代家族之中，就历史发端之久远与绵延之流长而言，很少有哪个家族能和琅琊王氏匹敌，能在这方面堪与王家并称的，恐怕只有陈郡阳夏谢氏而已，这也是为什么刘禹锡将王谢并称的原因。

投胎到这样的家族，吃穿不愁，你可以尽情地作，尽情地狂，尽情地……总之想干嘛就干嘛啦。

光有钱还不够，这个家族里出来的还特别特别帅！简直没天理嘛！

比如他们家的王衍，他堂哥王戎夸他“神姿高彻，如瑶林琼树”。他亲弟弟王澄夸他“形似道，而神锋太俊”。王导夸他“岩岩清峙，壁立千仞”。后来造反的王敦夸他“处众人中，似珠玉在瓦石间”。

这么多大V点赞，你大概也能明白人家有多帅了吧？什么？你说夸王衍的都是他们老王家自己人，自己为自己代言，不作数是吧？好吧，那我们来看看别人的记载。

在《世说新语·容止》记载了这么一段：

有人诣王太尉，遇安丰、大将军、丞相在坐；往别屋，见季胤、平子。还，语人曰：“今日之行，触目见琳琅珠玉。”

这段说的是有人去王衍王太尉家里做客啊，遇到了安丰、大将军和丞相，安丰就是王戎，大将军就是王敦，丞相就是王导，总之都是王家的人，回来后那人啧啧称奇，跟别人说："隔壁老王家这满屋子都是帅哥啊！"

魏晋时期度假投胎首选——琅琊王氏。

你，记住了吗！

陈郡谢氏

陈郡谢氏，出自陈郡阳夏（今河南太康），在魏晋时期，家族势力达到鼎盛，名望非凡，是魏晋时期唯一能和琅琊王氏肩并肩的士族。在著名的"淝水之战"之后，以谢安为首的谢氏家族居功至伟，直接奠定了陈郡谢氏魏晋时期的门阀世家地位，如果琅琊王氏的投胎名额已经满了，那么你投胎到这一家准没错的。

陈郡谢氏家里的名人也很多，谢安、谢玄、谢朗、谢道蕴还有我们都很熟悉的谢灵运等，谢氏的特点是文采好，相比于魏晋其他的门阀士族，陈郡谢氏在文学上有很高的造诣，在艺术上也有着杰出的贡献。

当然，人还很帅。

想象一下，长得帅，家里有钱有势，还会弹琴跳舞唱歌，字写得好，吟诗作对样样也不输人。

谢氏让后人崇拜的大神有很多，根本数不过来。

比如东晋名相谢安，温文尔雅，谈吐不凡，本来只想安安静静当个美男子，最后却还是进了政坛，但他在政坛里也有极大的成就，把国家治理得井井有条，简直就是旷世男神啊！

再比如谢尚，爱音乐，会书法，能吟诗，他的标签让人眼花缭乱，谢尚小的时候就被誉为神童，八岁那一年，谢家举办了一次大型的宴会，席间大家夸谢尚，说他“能言善辩，颜回再世”，这也很正常，给主人面子嘛！但是谢尚起来说：“在座的又没有孔夫子，又何来的颜回呢？”这直接把拍马屁的那位客人呛到了，众人也被谢尚的聪慧和早熟折服，宴会上充满了快活的气息。

不过谢尚长大了一些以后，一时走了歪路，成了个非主流，喜欢“衣刺文袴”，意思就是喜欢穿着女孩的绣花裤子在大街上摇摆，这如果放到现在估计要被说成是伪娘，但是自己穿也就算了，谢尚还喜欢看别人穿，这可就有点儿变态了！

朝廷曾经赏给他四十匹布，谢尚让裁缝全部做成花裤子，给麾下的士兵穿，这……这真的大丈夫吗？想想军队的人都穿着女孩子的花裤子，应该还挺喜感的吧！

不过谢尚之所以被称为大神，是有原因的，他擅长跳舞和弹琵琶，枭雄恒温曾经说他弹琵琶的风采和天上的神仙一样，我没见过神仙，不知道神仙什么样，但是连恒温都开口夸人了，想必真的很仙吧！

北齐高氏

对魏晋南北朝感兴趣的人，应该都知道老高家，比起前文王谢两家位极人臣，老高直接自立为王，建立了北齐，曾在中国的历史上盛极一时。老高家的爷们儿能文能武，关键还每个人都生得十分俊俏，帅得不像实力派。

但这么牛逼的投胎对象，我依然不建议你投胎的时候选他们家，因为他们家族有遗传病，患病的人禽兽不如、六亲不认，说通俗点，这病的名字叫做“神经病”。

文襄皇帝高澄，十五岁的时候和老爹的爱妾勾搭，直接给老爹上了一顶原谅帽，掌权以后更是离谱，经常调戏大臣们的妻妾。

文宣皇帝高洋即位以后倒是像模像样地英明神武了几年，可是没多久就病症发作了。有一天他想起来自己的妃子这么好看，万一出轨了怎么办，为了防患于未然，他就……直接把妃子杀了，还把头藏在自己的怀里。晚上在宴会上突然把头举起来放声痛哭，满堂宾客本来吃得正开心呢，突然看到这么血腥的画面，估计都无语了。可是高洋却自顾自拿着脑袋跑殿外去了。

高洋杀女人不眨眼，杀男人更是得心应手，和晋阳都督尉开玩笑的时候用槊刺死了人家，没事把大臣用锯子切成三块。高洋他妈看不下去了，怒骂："我怎么生出这种白痴儿子！"结果高洋比她声音更大："你再吵我把你嫁给胡人！"①

典型的变态＋天才＋偏执狂＋妄想症＋精神分裂＋美貌＋荒淫残暴，感觉好像和《权利的游戏》里的疯王有那么点相像。高家的北齐政权仅仅持续了28年，却历任6位皇帝，每一代的脑子都不太正常外加短命，看起来老高家并不是一个投胎好去处啊！

除去这几家特别顶级的门阀士族，其他的门阀士族也不错，比如谯国桓氏，出过桓温这样的英雄，吴郡陆氏也很好，出过陆机、陆云等名士，在这里就不再一一介绍了。

总之，大的门阀士族有很多，你可以一一挑选，好的出身和基因固然能够让你刚出生就超过别人一大截，但是想要成为魏晋美男，成为魏晋名士，更重要的还有你自身的修行呀。

---

①《资治通鉴》卷一百六十六："齐显祖（高洋）数年之后，渐以功业自矜，遂嗜酒淫泆，肆行狂暴；或身自歌舞，尽日通宵；或散发胡服，杂衣锦彩；或袒露形体，涂傅粉黛；或乘牛、驴、橐驼、白象，不施鞍勒；或令崔季舒、刘桃枝负之而行，担胡鼓拍之；或盛夏日中暴身，或隆冬去衣驰走；尝于道上问妇人曰：'天子何如？'曰：'颠颠痴痴，何成天子！'帝杀之。娄太后以帝酒狂，举杖击之曰：'如此父生如此儿！'帝曰：'即当嫁此老母与胡。'尝于众中召都督韩哲，无罪，斩之。"

02

名士仪容

哼，身上没虱子也好意思当名士

文/抹什么茶

我们在之前说到，魏晋时期有一个非常特殊的现象，就是男性超过女性成为当时社会审美的主要对象，对于男性容貌仪表的关注评品蔚然成风，甚至《世说新语》还专门为美男子们搞了个排行榜——“容止篇”，把当时上得了台面的帅哥一网打尽，尽情讨论魏晋的帅哥。

在中国的其他时代，谈及一个男子，相貌倒是其次，关键看他忠孝仁义否，换句话说就是心灵美更重要，但你生在魏晋，心灵美倒成了其次，要是生得一个好脸蛋，肯定是非常吃香的。

就连曹操这么厉害的枭雄，面对匈奴使者也让外表好看的崔季珪代替自己，由此也能看得出魏晋时期对于外貌是多么重视了。

而且特别奇怪的是，魏晋时期的美男子跟其他时期的美男子又大有不同，其他时代称赞男人长得帅通常说“天庭饱满”“地角方圆”“豹眼圆睁”“鼻若悬胆”“目似朗星”，但是魏晋时期的大众偶像都是“肤如凝脂”“唇赛点朱”“面似月下白玉，腰赛风中扬柳”“体溢芬芳”，这听起来就有些奇怪，好像跟前几年咱们追捧的“小鲜肉”有点相似。

但是这种情况是因何而起的呢？有一种说法是那个时代战火不断，所以人们更加珍爱自己的生命，大家生活放荡，急于享乐，并且放大自我的感官感受，尽情地追求物质享受与声色之欢，沉迷于那种虚幻的快感，不予阻扰，不受控制。

于是，上至帝王，下至士大夫，一种男性服饰新潮流随即形成，这种潮流始于东汉末年，《后汉书·李固传》中有人说李固“大行在殡。路人掩涕，固独胡粉饰貌，搔首弄姿”，这不过是那人污蔑，但也看出这个时期大家对于男人化妆这事，其实接受程度还不高，男人化妆还没有形成气候。等到了魏晋的时候，这股风气就在上层门阀士族中十分兴盛，就连皇帝也奇装异服。《三国志·杨阜传》中记载：“阜常见明帝著绣帽，阜问帝曰：‘此于礼何法服也？’帝狱然不答”。穿好看衣服，你不夸奖我还批评我，哼，明帝想想就很委屈呢！

正因如此，你要是想穿越回去当个魏晋美男，这化妆想来是一定要学的，你可以在坐上时光机前多上网搜几个教程，没准还能用现代高超的化妆术教那些名士做人呢。

王国维在《人间词话》中说人生有三重境界，要我说，魏晋美男的仪容也有三重境界，你不妨好好听听，对你的穿越之旅大有裨益。

第一重境界：肤白，体香，肌无力

做魏晋的美男，首先你要白！最好比女人还白，比玉还白。

魏晋形容美男的词叫“玉人”，比如王导的皮肤就比玉还要白，手拿玉柄麈尾，手和玉浑然一体，分不清哪个是手哪个是玉，让旁人好生羡慕，不知道这记载是否有夸张的成分在，但从中可以看出“皮肤白”是大家都喜欢的，一白遮百丑嘛。

很多人天生不白，用洗面奶狂搓也没用，洗牛奶浴也没用，没关系，也有补救的办法，要么赶紧吃五石散，疯狂“散发”，皮肤慢慢就变白了，如果你觉得这样吃对身体不好，或者你吃不起（大多人还是因为吃不起），那就敷粉吧！

“粉朱”本为女性饰物，但在当时的男人也会去敷粉，比如曹子建，率先敷粉施朱。《魏志》注引《魏略》说：“植初得邯郸淳甚喜，延入坐，不先与谈。时天居热，植因呼常从取水，自澡讫，敷粉。遂科头拍袒胡舞五椎锻、跳丸击剑，诵俳优小说数千言。”再比如我们之前介绍的那位吃热汤饼越吃越白的何晏同学，他本就俊美嫩白，却依然“动静粉帛不去乎”，随身带粉准备补妆，随时随地活出最美好的自己，天生肤黑的你怎么还好意思不打粉呢。

美男子除了白，更重要的是，还要很香！

比如大帅哥韩寿，和人家姑娘偷偷私会就算了，还拿别人家里的香料给自己用，弄得自己香喷喷的，人家姑娘的父亲一闻就不对了，咋和我家姑娘的香水一个味儿呢！后来私会的事情就被发现了，还好，人家直接把姑娘嫁给了韩寿，也算是有个好结局了。但你可别胡乱效仿，乱睡大家闺秀最后可能都不知道怎么死的呢。

不仅韩寿要喷，皇帝出门也喷香水。《魏志·朱建平传》记载这么一段：“帝将乘马，马恶衣香，惊啮文帝膝。”这是说魏文帝出门的时候把自己喷得太香了，把胯下的马熏得晕头转向，转头咬了魏文帝的膝盖。皇帝都喷香水了，你还有啥可说的，赶紧跟着喷呗！

魏文帝这个香味的程度在魏晋美男里还不算过分，最过分的还要算荀彧，荀彧非常注重个人形象，最大的爱好就是熏香，经常在家里没事就点着香熏陶着。久而久之，衣服上身上甚至整个人都带上了香气。据说有次他去做客，结果离开后整整三天，他坐的那块地方都还留着淡淡幽香，简直就是行走的空气清新剂，让人不得不服气。

长得白，喷香水，最后再来点慵懒无力的感觉，哇，恭喜你，你已经达到了魏晋美男的第一重境界!

第二重境界: 袒胸, 散发, 穿木屐

我们看魏晋历史的时候经常会看到那些美男和名士，身穿宽松的衫子，衫领敞开，袒露胸怀，穿着木屐，好似仙人一般在外面走着，看起来凉快又潇洒，让人羡慕得不得了。

魏晋南北朝时期的服装是传承汉朝的服装，秉承了汉代追求繁华、奢丽的风格，魏晋的名士们多光身着宽大外衣，或者外衣内着一件类似今天吊带衫的奇特内衣，并不穿中衣，再将尖角加长，敝屣旁边加以垂饰飘带。服装看起来异常飘逸，这便是彼时辞赋中的"华袿飞髾"，用咱们现在的话说，那可真的是潮爆啦!

纵观咱们中国的历史，基本不提倡人在公共场合穿薄、透的衣服，更别说袒胸露乳了，这是因为儒家的道德观念约束，然而在魏晋，名士们袒胸、散发、赤足亦或者穿木屐，并且引以为潮流。鲁迅先生认为是他们吃了五石散，全身燥热，皮肤干燥的缘故，但也可能是因为他们对世事不满和发泄，渴望回归自然和本源。魏晋时代残酷的政治斗争迫使他们以"放浪形骸"来摆脱统治者的网罗，于是佯狂而避世，以无视礼俗来曲折表达自己的政治观点，以怪诞的言行来宣泄不愿同流合污的心情。

比如很有名气的祢衡，曹操多次召见他，他都避而不见，曹操怒了，想寒碜他一下，让他当了个鼓手。后来曹操开派对，酒过三巡，让乐队来奏乐，祢衡穿得破破烂烂，鹤立鸡群，领班看到大声指责他为什么不穿衣服，祢衡一听，三下五下把自己扒了个精光，大家瞬间被雷到外焦里嫩。曹操骂他成何体统，他反问曹操屈才让他当鼓手是成何体统，让曹操一肚子的火也发不出来。

你想穿越回去当个美男啊，裸体我估计你是做不到了，五石散也尽量少吃，赤足估计你细皮嫩肉也受不了，但是穿宽大的衣服，把头发散乱开，穿个木屐，可别说，还真有那么点魏晋名士的模样哩！

第三重境界：平淡，悠然，抓虱子

第三重境界和前两重境界有所不同，既不会过于矫饰，也不会放荡，而是一种平和的心态。

这个层面的代表人物不用我说你们也知道，就是“悠然见南山”的陶渊明居士，因为对现实不满，他毅然辞官，脱掉了冠冕，穿上了朴素甚至有些破旧的衣服。

他没有何晏的矫饰，也没有竹林七贤的放荡，但是他似乎更自在，更像一个真正的隐士。

这个时期他的作品淡远亲切，他不在乎“礼服遂悠”，隐居田园便觉自在，“凯风因有时，回飙开我襟”，听起来就很束缚；活着穿什么都无所谓，更何况死后呢，于是“裸葬何必恶，人当解其意”。

陶渊明的看似不起眼的人生境界将魏晋风度上升到了另一个层面，大家发现，归隐田园也许是最好的寄托。陶渊明的归隐，恰恰是以非自觉的状态，将魏晋风度提高到了一种人生境界的更高层次。

因此，想要直接成为最终境界的魏晋美男，那你可就要准备好几件破旧的衣服，还有几句够平淡的诗句，当然最重要的还是你的心境，如果心境未到，还是不要轻易尝试得好。

对了，还有一个小窍门，就是抓点虱子放在身上，效果会更好。魏晋名士最潮的行为是什么，就是“扪虱而谈”。桓温第一次北伐驻军灞上的时候，穿着破旧衣服的王猛就来到营里，一边抓身上的虱子一边跟桓温谈天下，什么是谈笑风生，这就叫谈笑风生啊，朋友们!

想要谈笑风生，扪虱而谈，还得自己有才华，能说得头头是道，要是你穿得破破烂烂如同世外高人，面对局势却说不出一二，那你抓耳挠腮的样子可就不那么雅观了。

所以朋友们，想要穿越回去当名士，最最重要的，还是要提升自身的文化水平啊。

03

饮食习惯
欢迎光临，客官您需要五石散吗？

文/抹什么茶

咱们国家幅员辽阔，历史悠久，各个时代和地域的饮食习俗都有所不同，如果你成功穿越回了魏晋时期，你会发现，其实那时候吃得还算不错。魏晋南北朝时期的饮食文化比起秦汉时期，已经大有发展，食物的加工和制作方式大有不同，烹饪水平也有显著提高，还有《食疏》、《崔氏食经》、《食馔次第法》等专门谈论饮食文化的书籍。

在魏晋时期，江淮以南以水稻为主食，北方则以谷类、豆类及大小麦为主食，《齐民要术》中记载的粮食作物有谷、黍、粱、大豆、小豆、大麦、小麦、青稞、水稻和旱稻等等，而且这个时期的粮食作物的品种已经相当优良，魏文帝曹丕曾经说新城稻是“上风炊之，五里闻香”，晋袁准说“河内青稻，新城白梗，若萁游梁，濡滑通芬”，说明这个时期的作物已经不会难以下咽了，所以你穿越回去可以尽情吃喝，不会感觉有什么不习惯。

哦，对了，肉食主义穿越者要注意啦（敲黑板），除了主食，魏晋时期的菜肴主要以素食为主，西晋的潘岳在《闲居赋》中说："灌园鬻蔬，供朝夕之膳；牧羊酤酪，俟伏腊之费。"这说的是平时吃素，过年过节才吃肉，事实上，除了普通民众，一些低级的官吏也是几乎不吃肉的。以粮食作物和蔬菜为主的素食结构是当时较为普遍的饮食。

如果你穿越到了魏晋时期，成了一个普通人或者低级官吏，天天吃吃粗粮和蔬菜，倒也算是远离现代的地沟油和肥胖，但是由于那时候的自然灾害和连绵不断的战乱，想要天天吃上米饭和蔬菜也不是什么容易的事情，可能喝粥才是你最好的选择。

除了这些我们现代常见的食物以外，在魏晋时期，由于少数民族之间的交流频繁，诸如"胡饼"之类的吃食也成为了大众喜闻乐见的食物，你可别小看了胡饼，绝对名士必备。为什么这么说呢，东晋时，太尉郗鉴的女儿长大成了白富美，郗鉴想着孩子这么大了，也该找个合适人家嫁了，想来想去最后选了琅琊王氏，有钱有实力，关键长得帅，没的说嘛！

那到底选谁当女婿呢？我们之前说过了，琅琊王氏家里每个都是帅哥，"琳琅满目"嘛！于是郗鉴就派使者到琅琊王氏家中挑选女婿，王氏的男孩子们都穿得整整齐齐，神态矜持，就跟你去相亲似的，一脸假装出来的乖巧，但是平静的外表之下，内心波涛涌动，唯独王羲之坦腹东床，神态自若地在吃……胡饼！

郗鉴派来的使者左看右看，各个风度翩翩啊，真的难以取舍，等一下，床边那位是什么鬼！衣服扣子也不扣，一手拿着半个胡饼，一手在纸上写字，如同黑夜中的萤火虫那般出众！

使者回去以后如实汇报了情况，也真的是各花入各眼，这种相亲对象换别人肯定避之不及了，唯独郗鉴偏偏就觉得王羲之这样好单纯好不做作（明明就很做作好嘛！），当即拍板敲定嫁给王羲之。郗鉴是东晋开国元勋，见过的人才数不胜数，自然不会办糊涂事，事实也证明他选这位女婿绝对没有看走眼。《世说新语》的“容止篇”记载王羲之是“时人目王右军飘如游云，矫若惊龙”，看来也是一位很俊朗的少年，但这样的场合袒胸露乳吃胡饼，未免也有些“没家教”，但不按常理出牌的王羲之正如当时其他的名士一样，潇洒、自由，也难怪会符合同样是名士的郗鉴的心意了。

看到这里，你知道怎么样迎娶魏晋白富美了吗？吃胡饼吃胡饼，半裸吃胡饼！重要的事情说三遍！

以上说的都是普通人的吃食，如果你投胎到了最上层统治者，那你就可以尽情地挥霍，尽情地吃喝，西晋时期的元老大臣何曾，每天用于饮食的费用高达一万钱，你也不用管这一万钱换算到现在具体是多少钱了，总之就是一个非常高的数字，随你怎么吃也不可能吃得完！

这还没算完，他儿子青出于蓝而胜于蓝，在浪费的事情上更胜一筹，“食必尽四方珍异，一日之供以钱二万为限”。再看看那些喝粥的农民们，这可真的是朱门酒肉臭，路有冻死骨啊。

事实上士族高门非常讲究饮食排场，与当时的社会环境与统治者有着非常大的关系，比如西晋武帝司马炎后宫妃嫔万人，还鼓励下面的臣子腐败奢侈，后来饮食奢侈发展到了一定的程度，就积重难返，刹车不住了。东晋末的刘裕执政，他就倡导简朴，但人们并没有赞赏他这种行为，反而说他是“田舍公”，就是我们现在所说的“乡巴佬”。这真的好委屈！历史上有多少勤俭的皇帝，刘裕真的在棺材里都哭出声来。

魏文帝曹丕曾经说“三世长者知被服，五世长者知饮食”，你看，会不会吃已经成为一个世家地位的评判标准，你要是能吃、会吃、爱吃，立马和那些乡巴佬高下立判，懂吗?

光是吃还不够，咱们可是穿越回魏晋当名士、当狂士、当美男子的！这名士什么都能不会，但是不能不会喝酒。

酒在魏晋已经成了流行的饮料，消费数量极大，其实仔细想想，这和当时的社会也是有关系的，战乱离散的日子里，很多人都感受到了生命苦短，因此放纵自己，尽情享乐。

“何以解忧，唯有杜康”这句话深得当时名士们的认可，魏晋有名的偶像团体竹林七贤更是将饮酒的风气推向了高潮。“名士不必须奇才，但使常得无事，痛饮酒，熟读《离骚》，便可称名士”，听见了没？在魏晋你想当名士，你不必有什么奇才伟略，你只要会喝酒，熟读《离骚》，那就够了。

竹林七贤里面，阮籍几乎是泡在酒坛子里度过的一生，据说因为步兵校尉兵署的酒特别好喝，他就向司马昭申请去当步兵校尉，因此人称“阮步兵”。阮籍喝酒也是有原因的，司马昭曾经想跟阮籍玩联姻，阮籍内心是不喜欢司马昭的，因此在家里大醉两个月。使者每天来提亲，一看主人烂醉如泥只好改日再来，改日再来又是如此。日复一日，人家诸葛亮三顾就出来了，你阮籍两个月天天喝醉，换刘关张兄弟早一刀攮死了，司马昭没办法，这事情最后只好作罢了。

后来司马昭想加九锡，需要有人写劝进表，阮籍故技重施，又喝得酩酊大醉，可惜这次大家都不放过他了，阮籍被喊醒以后，没办法了，大家都看着自己呢，再装醉就不行了，于是拿起笔一气呵成，写了一篇据说是“神来之笔”的锦绣文章。

这说来就很奇怪了，如果真的烂醉如泥，又怎么写得出好文章呢？想来阮籍就从没有真的喝醉，只不过假借喝酒之事，搪塞而已。

阮籍之所以要这样装醉，是因为他一直对司马昭以流行礼教之名行谋篡之事心怀不满。在东汉末年到东晋末年，“礼”几乎成了虚伪的代名词，比如桓温的小儿子桓玄篡位，却在大家面前假装孝顺，有一次客人在席间要求温酒，桓玄竟然痛哭流涕，只因“温”是亡父的名字。这招太狠了！你这样一闹，大家说话之前都要反复斟酌这句话里有没有什么避讳。

如果阮籍爱喝酒还有因可循，那竹林七贤的刘伶同学就是单纯的酒鬼，他喝酒特别厉害，自称“天生刘伶，以酒为名。一饮一斛，五斗解酲”，这说明他不仅喝得多，酒量也很好，而且他喝多以后的行为也很有趣。

著名酒鬼刘伶酩酊大醉以后，会驾着一辆鹿车，怀里抱着酒，任凭鹿车漫无目的地前行，他自驾游就算了，还让人家书童扛着根锄头跟在后面练马拉松，为什么让人家拿着锄头跟着？因为刘伶说：“如果我喝酒活活醉死了，你也甭客气，直接拿锄头就地挖坑把我埋了吧。”

哇，这个行为艺术在当时瞬间被无数大V名士点赞转发，一时形成风潮，每个人都评论说刘伶太酷了，真潇洒！

这种潇洒的人生态度引得很多人都争相效仿，成为宴席之后那些所谓的名士们的保留节目，喝醉酒就自驾游，让自家书童拿着锄头跟着车跑，形成魏晋乡间路上亮丽的风景线，这也意味着那时候的书童可能都是长跑能手。

一般酒鬼喝醉酒都会乱说话，刘伶也有不少金句都是酒后说的，比如有一天他喝醉了在家里裸奔，客人正好上门，看到他这样实在有伤风化，指责他成何体统，刘伶倒好，说：“我以天地为栋宇，屋室为裈衣，诸君何为入我裈中？”这句话的意思是“我把天地当房间，屋子当衣裤，你怎么到我裤子里面来了”，这句话太污了，客人瞬间被雷得外焦里嫩，但刘伶这种态度就是当时大家都很喜欢的“狂士姿态”，是个性的解放与自由的表现，不过不建议穿越回去的你胡乱使用这招，太危险了，很容易被对方暴揍一顿。

除了吃胡饼和喝酒，你如果想要成为名士，还有一件最重要的事情千万别忘了，那就是“嗑药”。

说到嗑药，我们不得不再提一提魏晋这个神奇的年代，和一位名为何晏的奇人。

如今大家都说魏晋时期的美男辈出，这其实在中国的历史上是一个非常有趣的现象。按概率论来说，中国人口这么多，无论什么朝代都应该有不少美男子，可偏偏在魏晋时期，人们对男子的容貌仪表的关注品评蔚然成风，《世说新语》甚至有“容止篇”专门去讨论美男的美貌，男性超越女性成为了主流审美的主要对象，这在中国的历史上是十分罕见的。

而且这个时期的美男，与其他时代的美男又有所不同，中国历代大部分的时间，都认为看起来威猛的男人是美男，但是在魏晋，评价美男的词汇通常是“美形仪”“体貌闲丽”“面如凝脂”“肌如冰雪”“玉人”“璧人”，仔细想想，这分明就是我们现在所谓的“伪娘”啊!

如今社会已经如此开放自由，可伪娘有时候依然会遭受一些非议，但是在魏晋时期，为了配合广大群众的审美恶趣味，有些名人总是镜子不离身，如果不搽粉喷香水都不好意思出门!人们也不觉得伪娘是非主流，反而认为那是上层社会的人，有风度的象征!

在引领魏晋伪娘时尚潮流的一众名士中，排名第一的伪娘团团长就是何晏童鞋，何晏童鞋到底有多伪娘呢，《三国志·魏略》记载:“晏性自喜，动静粉白不去手，行步顾影。”意思是说他很自恋，随身带着粉盒以备随时补妆，走起路来像走猫步，摇曳生姿，走两步就要看一下自己倒映在地上的倩影，不仅娘，还很自恋，跟希腊神话的自恋少年纳西索斯有的一拼。

天生丽质的何晏除了扑粉之外，还喜欢穿女人装，每次退朝以后就在家里穿女人装，哇，你们快来啊，这就是你们喜欢的扶他啊！《晋书·五行志上》说何晏“好服妇人之服”，还被当时的名士傅玄骂“此服妖也”，但何晏哪里管人家怎么看，自己穿得高兴就好。

穿女人装、自恋、打粉，何晏看起来跟女孩没什么区别，最重要的是，他特别白！魏明帝怀疑他的白是打粉的缘故，于是就在大热天请他吃热汤饼，准备欣赏他汗流满面的窘态，结果人家香汗淋漓，用袖子擦汗，皮肤愈发白里透红。

何晏之所以这么白，可能是因为天生的，但也很可能是因为他每天服用五石散。

五石散，又名寒食散，在汉代还是毒药，由五样石药构成：石钟乳，石硫黄，白石英，紫石英，赤石脂，那时候还没人敢碰。后来何晏自己身体不好，发现了这个药方，根据原有的配方改良了一版，具体加了什么东西我不知道，不过反正你也不会去吃的，因为改良过以后依然是毒药，吃了对身体只有害处。何晏自己吃了以后感觉挺嗨的，他自己说：“服五石散非惟治病，亦觉神明开朗。”在推广大使何晏的帮助下，五石散一时间人人都服用，形成一股风潮。

吃五石散在魏晋是很流行的事情，和后来清末的鸦片差不多，会被认为是上层贵族，是有雅兴的事情。吃了五石散以后，有没有延年益寿不知道，但是人不能躺着，必须要“散发”。什么是散发呢，就是吃完不能休息，一定要走路，疯狂走路，这倒是和“饭后百步走，活到九十九”异曲同工，不知道之间是否有什么关联，如果你穿越回魏晋看到街上一群人在健走，他们不是在运动，肯定是吃了五石散没跑了。

吃完五石散外加走路，走完以后全身就开始发烫，这时候不能再穿厚衣服，也不能吃热的食物，不然就会死掉，鲁迅先生认为这正是为什么魏晋名士总是轻裘缓带，穿宽大衣服的原因。一大帮名人吃药，体热难耐，于是穿宽大的衣服，不吃药的人看名人们都这么穿，也学着穿宽大的衣服了。

吃了五石散到底有什么用？古人认为吃五石散可以延年益寿，可以让自己肤白貌美，还有振奋精神以及壮阳的作用。是否真的如此，我们也无从得知，但是在当时传得很玄乎，有一种包治百病的感觉，再加上名士们都在吃，流行程度越来越广，药效愈发神奇。有钱的吃，没钱的也吃，穷得家徒四壁，也要假装自己吃过，史书中记载过一例假装自己吃过五石散被识破的事例：“后魏孝文帝诸王及贵臣多服石药，皆称石发乃有热者。非富贵者亦云服石发热，时人多嫌其诈富贵体。有一人于市门前卧，宛转称热，因众人竟看，同伴怪之，报曰；我石发，同伴曰：君何时服石，今得石发。曰：我昨在市得米，米中有石，食之，乃今发。众人大笑。自后少有称石发者。”

如果你穿越到魏晋当个名士，吃点五石散想必是免不了的，不过切记，这玩意儿真的有毒，不要贪食哦！

04

玩乐宝典

名士必备技能：吹口哨

文/抹什么茶

咱们前面几章已经说了穿越回魏晋吃什么、穿什么，这章咱们要着重说说，穿越回魏晋，作为魏晋美男，咱们需要要玩什么。你也别听见“玩”字就忘乎所以，魏晋美男们爱玩的东西跟咱们现在不一样，而且宴会上的游戏大多还有证明自己礼仪修养的潜在作用，某些游戏的仪式感大于娱乐性，美男可没那么好当的啦，因此你还是乖乖继续拿着笔做笔记吧。

魏晋时期，要想玩电子游戏什么的，自然是不可能的，想打篮球？抱歉，也不可能，但是当时酒宴上的活动也不算少。

比如樗蒲。

樗蒲是继汉代六博戏之后，盛行于魏晋时期的一种棋类游戏，据说是从外国传入，由于游戏中用于掷采的投子最初是用樗木制成，所以才称这个游戏为“樗蒲(chu pu)”。

樗蒲活动是魏晋时期最流行的游戏之一，它需要一定的技艺，有点门槛，算是名流的游戏，宴会期间，大家都特别喜欢玩，三国时期一位叫游楚的名士，人如其名，特别喜欢游玩，每到一个地方，都要举办宴会，玩樗蒲。东汉马融《樗蒲赋》也记载：“昔有玄通先生，游于京都，道德既备，好此樗蒲，伯阳入戎，以斯消忧。”

陶侃反对过朝臣沉湎于樗蒲，《晋书·陶侃传》载：“诸参佐或以谈戏废事者，乃命取其酒器，樗蒲之具，悉投之于江，吏将则加鞭扑，曰：‘樗蒲者，牧猪奴戏耳？老庄浮华，非先王之法言，不可行也。君子当正其衣冠，摄其威仪，何有乱头养望自谓宏达邪。’这说明当时朝廷中的官员都爱玩樗蒲。

不仅上层社会爱玩樗蒲，中下层社会也会玩这游戏，《世说新语·任诞》中记载，温太真位未高时，屡与扬州、淮中估客樗蒱，与辄不竞。尝过，大输物，戏屈，无因得反。与庾亮善，于舫中大唤亮曰：“卿可赎我！”庾即送直，然后得还。经此数四。这段记载是说温太真以前常和商人玩樗蒲，可是对方技巧高于自己，没有赢过，最后输得裤衩都没了，只好喊好友来赎自己。这事情看得出，当时的商人也会玩这游戏，而且技艺不低。

那这么流行的游戏，到底是怎么玩的呢?

看历史记载中，不同时期的玩法也有不同。据东汉马融《樗蒲赋》记载：“昔有玄通先生，游于京都，道德既备，好此樗蒲，伯阳入戎，以斯消忧”，“枰则素旃紫罽，出乎西邻”，“旃”与“毡”通，“罽”也是一种毡类，也就是说樗蒲的棋盘是用白或紫色的毡类，马融的记载说玩樗蒲的工具有枰、杯、木、矢、马五种。《宋史》上说，樗蒲戏法是游戏者手执“五木”，掷在昆山摇木做的“杯”中，按所掷采数，执棋子在棋盘上行棋，相互追逐，也可吃掉对手之棋，谁先走到尽头便为赢者。正因为樗蒲这种木制掷具都是五枚一组，所以后世又叫五木之戏，或简称五木。

无论是马融的记载还是宋史的记载，这游戏的玩法看起来好像真的太复杂了，没关系，赌徒们自然有他们的创新。

魏晋南北朝有一种掷五木定输赢的简便玩法，《晋书·刘毅传》记载刘毅聚众赌博，玩的就是樗蒲，别人都掷黑犊，只有刘毅和刘裕没有掷，刘毅掷子，得了一个仅次于卢的采，刘毅高兴得不得了，以为赢定了，结果刘裕把五木放在手里揉搓许久，最后丢出，四子俱黑，唯独一子在转动，刘裕冲着它大喝一声，子定在黑面，五木俱是黑色，正是樗蒲最大的卢采。

掷五木并非全凭运气，也是有些技术在里面的，比如袁耽樗蒲，总是丢出卢雉，技巧高人一筹，所以你如果穿越回魏晋，好好学学樗蒲，没准还能赢得盆满钵满呢。

樗蒲是很好玩，但当时最风靡的游戏还得算“投壶”。投壶是士大夫宴饮时候的一种投掷游戏，也是一种礼仪，其由来已久，历史渊远流长，从战国时期的射箭演变而来。春秋战国时期，诸侯宴请客人的礼仪之一就是请对方射箭，彼时不会射箭的成年男子会被视作耻辱，这倒有点儿上纲上线了。到了后来，由于房子面积变小，而且有些客人确实不会射箭，就用箭投酒壶替代，久而久之，投壶就替代射箭成了宴会的游戏。

投壶的玩法简单，人人都能参与，规则就是把箭往壶里投，投中多者为胜，负者则需要喝酒。

这个游戏我们应该挺熟悉，《醉翁亭记》中所记的便是这个，风靡神州大陆许久，但是这游戏在宴会上是怎么玩的呢？

《礼记·投壶》一篇有详细的记载：

投壶之礼，主人奉矢，司射奉中，使人执壶。

主人请曰："某有枉矢哨壶，请以乐宾。"

宾曰："子有旨酒嘉肴，某既赐矣，又重以乐，敢辞？"

主人曰："枉矢哨壶，不足辞也，敢固以请？"

宾曰："某既赐矣，又重以乐，敢固辞？"

主人曰："枉矢哨壶，不足辞也，敢固以请？"

宾曰："某固辞不得命，敢不敬从？"

宾再拜受，主人般还曰"辟"。

主人阼阶上拜送，宾盘还"曰辟"。

已拜，受矢，进即两楹间，退反位，揖宾就筵。

从这段记载中我们可以看得出来，投壶这个游戏还被宾主用来反映自己的礼仪修养，并不仅仅只是游戏那么简单。

魏晋时，投壶也十分流行，晋代在广泛开展投壶活动中，对投壶所用的壶也有所改进，即在壶口两旁增添两耳，这两耳也可以用来投掷，因此在投壶的花式上就多了许多名目，如"依耳"、"贯耳"、"倒耳"、"连中"、"全壶" 等。

就到了如今，也有许多地方的人喜欢玩这个游戏，就是用一次性筷子丢酒瓶里去，难度不可谓不大，各位在穿越以前可以多拿酒瓶子练习。

除了樗蒲和投壶，社会贵族们还特别喜欢田猎活动。

魏晋南北朝的田猎之风十分盛行，曹操年少的时候就非常喜欢田猎。

孙权也喜欢田猎，常常骑着马射老虎。有一次老虎扑到孙权马鞍上，那时候又没有人身伤害保险，受伤没医保，又没破伤风疫苗，老虎自然也不可能赔钱，所以风险太大了，臣子们请求孙权不要田猎了，大臣张昭说“人君应驾驭英雄，如何能与野兽较量”，可是孙权还是不舍得放弃。

王公田猎盛行，但田猎是要骑马的，骑马对于古人而言如同走路般简单，可如果我们穿越回去，会发现骑马没那么简单，而且不会骑也是很丢人的一件事。

庾翼曾经外出，他岳母和老婆在城头眺望，正好看到庾翼归来，骑着高头大马，在卫兵的簇拥下，如同众星拱月，威风凛凛。岳母听说庾翼的骑术精湛，就想让庾翼秀一波操作，丈母娘都发话了岂有不秀之理。庾翼当下就骑马来回驰骋，可惜一个不小心，摔下马来，鼻青脸肿，这真的羞煞人了。

相比于贵族们的游戏，那些放荡不羁的名士们则更喜欢游山玩水。

纵情山水是魏晋风度的一部分，比如竹林七贤的阮籍同学，要么闭门读书，好几个月连门都不出，活生生的魏晋宅男；要么就游山玩水，很久都不回家。他曾经面对楚汉相争的古战场，留下“时无英雄，使竖子成名”的经典语录，也会在武牢山望京邑而叹，留下《豪杰诗》。

《晋书》中说西晋的名士羊祜特别喜欢登山，特别是登岘山，他曾经在这座山上发出感慨：

“岘山亘古便存在，多少人登临此山，如同你我，可惜他们大多默默无闻，这令我十分伤感！如百岁后有知，魂魄犹应登此也！”

谢安也喜欢出游，面对朝廷的征召，他高卧东山，纵情山水，直到第二次出山，这也是“东山再起”的由来。王羲之辞官以后也游遍名山，还在沧海中泛舟，并且感叹“吾卒当乐死”。

游历山水能够开阔人的视野和见识，名士们那时候如果没有从政，自然没什么事情做，还不如爬爬山，好歹也锻炼身体了嘛。

同样流行于名士圈的活动还有“音乐”。

早在春秋时期就有伯牙子期的故事，一起欣赏音乐成了名士们共同的爱好。名士们欣赏音乐的方法有很多，但主要还是两种形式。

一是养家妓。

养家妓在如今是万万不可行的，肯定会被抓到牢里，但在古代却是很流行的事情，在《左传》中就有晋侯赐人女乐工的记载，在魏晋你要是家里没几个懂音乐的家妓，真还不好意思说自己是上流人!

有些人家里的女乐工特别厉害，比如西晋的石崇家里有个乐工叫绿珠，长得好看，还特别懂音律。后来孙秀知道了，就请石崇送给自己，石崇勃然大怒：“吾所爱! 不可得也! ”

当然，你要是穿越过去以后还是保持现代人的高尚情操，坚决不搞奴隶制，也可以欣赏音乐，那就是自操乐器。不过这玩意儿也不是一时半会儿能练成的，各位要是感兴趣，可以在穿越之前报班接受系统的学习。

乐器我也不懂，就不班门弄斧，不过在这要特别强调的一点是，魏晋时期还有一种特别的“音乐”，那就是——

啸。

什么是啸呢?

古人云“夫气激于喉中而浊，谓之言；激于舌而清，谓之啸。”啸是一种歌吟方式，也是无词之歌，指的是歌唱者随意地吐露，这在魏晋的名士之间特别流行。

有种说法说“啸”其实就是我们现在的吹口哨，是不是这样已经无从得知，但是西晋成公绥的《啸赋》中写啸的发声是：“近取诸身，役心御气。动唇有曲，发口成音。触类感物，因歌随。”而且郑玄也说啸是“蹙口而出声”，这和吹口哨似乎有那么一些些相似。

啸从秦汉之时就有记载，最早的时候，还不是文人们发泄所用的，而是巫师术士们的本领。《灵宝经》记某个国家旱灾，一个名叫姓音的女仙“为王仰啸，天降洪水，至十丈”，这是小仙女尝试用啸来求雨。葛洪的《神仙传》中记西汉人刘根会道术，郡太守估计是个无神论者，知道这事后，把刘根抓来要他施法召唤鬼来，如果召唤不出来，就大刑伺候。刘根于是当众长啸，啸音非常清亮，闻者莫不肃然，突然南壁裂开数丈，有许多阴兵护送一辆车出来，车上以大绳缚着郡守已亡故的父母，那个郡太守的世界观估计得瞬间崩塌。

东汉末年，啸从术士的专用，转移到了文人那儿，但此时善啸者依然寥寥无几，可到了魏晋时期，善啸者突然涌现，并且在书上多有记载。

有一次阮籍在苏门山偶遇隐士孙登，但孙登并不理会他，阮籍只好长啸而退，退至半山腰，突然听到了鸾凤的美妙声响，原来是孙登在山顶长啸；胡人石勒曾经在洛阳东门长啸，王衍看到以后大惊失色，觉得这人以后肯定是天下之患，只是一声长啸居然能让人如此不安，现在看来有些夸张，但当时的人觉得会啸的人都很了不起。

长啸，通常被用来表达各种各样的情感，亦或者愉快，亦或者痛苦，亦或者迷茫，正因为啸“声不假器，用不借物”，才能被众多名士所采纳，用来宣泄心中的情感。魏晋时期的名士们大多报国无门，常常郁郁寡欢，因此常常啸于山林。而“啸”作为魏晋风度的一部分，也让后世津津乐道。在唐代的时候，文人偶尔还会啸一啸，比如王维的《竹里馆》写到“独坐幽篁里，弹琴复长啸”，再比如李白的《游太山》里说“天门一长啸，万里清风来”。唐朝以后，啸的风气就慢慢平息了，等到了宋代，学者讲义理，士子重举业，没有谁再像魏晋时那样动不动就长啸。再到如今，更未听闻哪个人没事会长啸，估计这会因为分贝过高被当做噪音污染抓起来。

虽然说啸只不过一种形式，名士的狂傲才是啸的灵魂，但这种极具中国传统特色的发音方式如今无迹可寻，难免让人有些伤感，各位如果穿越回了魏晋，不妨对“啸”多加注意，帮忙保护一下，如果传承至今，估计申请个非物质文化遗产应该没什么问题!

05

清谈大师
魏晋「奇葩说」开讲了

文/抹什么茶

之前我们说的嗑药和仪容，还只是魏晋美男们的皮毛，接下来要谈论的东西，那可就有点深奥了，可如果你对此一窍不通，穿越到魏晋难免受人讥笑，所以想要穿越回去当魏晋美男子的各位，还是赶紧预习一下吧，有备无患啊!

谈及魏晋，人们总是会第一时间想到魏晋风度，经过我们前几章的介绍,大家都明白,名士要穿宽大的衣服,要披头散发,要穿木屐,最好还能长得帅，再嗑点药喝几口酒，那离魏晋标准美男就有那么点“形似”了，但除了这个以外，想成为一个又帅又有才华、追捧者遍布神州大地的魏晋名士,你必须还要掌握一个技能,那就是:清谈。

什么是清谈?

如果你对魏晋的历史不太了解，可能就蒙了，没关系，这事说起来是有些复杂，但也没那么难弄明白，我在这儿拾人牙慧，借古人文献大致说说“清谈”是怎么回事儿。

西晋太康三年（公元282年）正月初一，晋武帝司马炎带着文武大臣在南郊祭天，等到祭拜结束了，踌躇满志的晋武帝突然心生感叹，可能是觉得这几年自己做得还不错吧，特牛，突然想被人夸奖一下，就问旁边的大臣刘毅：“卿以朕方汉何帝也？”

刘毅回答说：“可方桓、灵。”

以汉桓帝、汉灵帝作比喻是什么意思？刘毅你咋不说人话呢，这到底是夸奖还是贬低呢？

诸葛亮的《出师表》写过这么一句话，想必大家还有印象：“亲贤臣，远小人，此先汉所以兴隆也；亲小人，远贤臣，此后汉所以倾颓也。先帝在时，每与臣论此事，未尝不叹息痛恨于桓、灵也。”

意思很明显了，亲小人，远贤臣、卖官、好色、嗜酒，汉桓帝与汉灵帝可能是汉代最昏庸的两个皇帝了。啧啧，你们看见没，要是没点文化，人家是骂你还是夸你你都听不出来呢。

司马炎本人还是有文化的，这一听就不高兴了，脸色自然不好看了。他说：“你这么说就不客观了，我虽然不如古人那么有德行（比不上汉高祖），但是依然能克己为政，还平定了东吴，一统天下，这功劳着实不小啊，你怎么能把我比作桓灵二帝，起码也是文帝景帝啊，你这话是不是太过分了一些？”

刘毅这家伙确实是个老实人，够耿直，老板生气了，话都说到这分上了，他也不怂，立马回答说：“桓灵卖官，钱入官库；陛下卖官，钱入私门，由此说来，您还不如桓灵二帝呢。”

司马炎听了无法辩驳，只好干笑解嘲：“说得对，不过桓灵二帝可没有你这样的直臣啊！朕可真是幸运啊。”

之所以开篇讲这个故事，是为了告诉你们，两晋王朝最大的问题就是——腐败。

刘毅说的是实话，两晋王朝一开始就是腐败的，更是腐朽的，干宝的《晋纪总论》说道："谈者以虚薄为辩，而贱名俭，行身者以放浊为通，而狭节信，进仕者以苟得为贵，而鄙居正，当官者以望空为高，而笑勤恪。"

几乎所有的人只有两个目标：名和利。

最好的例子就是贾充。

小皇帝曹髦不满大权外落，亲自率兵攻打司马昭相府，相府没人敢上前，毕竟人家是皇帝啊，怎么敢乱来啊。

可是贾充却无视礼数，大吼一声："养兵千日，不就为了此时吗！"

曹髦被武士成济所杀。

这在当时是极其严重的罪行，无论是当时的儒家伦理还是帝国法律都不能容忍，但是司马昭放过了弑君者贾充，他不但不恨贾充，反而对贾充充满了感激。原因很简单，贾充帮了他的大忙，他做了司马昭一直想做的事情——弑君，却又帮助司马昭保住了脸上的面具——忠孝仁义。

司马家的王朝，就是靠阴谋诡计和巧取豪夺而建立，这个王朝集贪婪、奢侈、残忍于一体，而他们举起的却是儒家伦理的旗帜，典型的"当了婊子还要立牌坊"，真的让人笑掉大牙。

除了司马家的口是心非，儒学自身也有问题。儒学当时是官学，繁琐迂腐，荒唐不羁，咬文嚼字，装神弄鬼，五个字的经文，能写出洋洋洒洒两万字的注解，普普通通的一句话，能有神秘兮兮的微言大义，这哪里是什么学术啊。

因此，士大夫们渐渐厌倦了经学的繁琐枯燥和三纲五常的陈词滥调，天天冲着这些破书做阅读理解，到底有什么用。天天忠孝仁义，大部分人为了做官连脸皮都可以不要！

儒学的精神支柱轰然倒塌。

至此，社会上的知识精英们跳出传统，转而开始谈论哲学意义的命题，围绕着《周易》《老子》和《庄子》展开了学习，并开始思考人生、社会、宇宙的关系。

一股新颖的思潮闪亮登场，以燎原之势席卷天下。

这门学问就是传说中的，玄学!

这玄学和咱们玩手机游戏开卡包的玄学又有所不同，所以开不出 SSR 的你也别眼睛一亮跑上来想看看到底是怎么个玄学法了，别挣扎了。

玄学的“玄”出自《老子》中的“玄之又玄，众妙之门”，玄学本来只是道教哲学的一个词语，后来发展成了魏晋时期独有的思想文化，是一种真正理性和思辨的纯粹哲学，而玄学家们主张“清谈”，什么是清谈?

一位客人和著名的清谈家乐广讨论《庄子》。

客人说：“什么是‘指不至’？”

关于“指不至”，有各种各样的理解，一般认为，了解一个事物的表面，不能到达实质，即使到达了实质，也不能完全理解它。

这个问题的本质在于“概念与事物”、“认识与真理”究竟是什么关系。

乐广举起了麈尾。

麈尾是什么? 我们之前在仪容篇介绍过魏晋名士邋里邋遢，宽袍大袖，脚踩木屐，随意放荡，远远看去如同神仙，可是这身上穿了脏衣服，脚踩木屐，手里感觉缺了什么，于是有些名士出门手持一种名为“麈尾”的道具，在手里来回比画，倒还真有点儿神仙的意思!

于是这东西就成了名士的象征。这东西长得像扇子，又不完全是，但是你也甭管是什么，拿了就对了，魏晋装名士利器，在当时绝对是上流社会爆款!

乐广举起这个麈尾，并非为了装，而是为了说理。

乐广将麈尾放到茶几上反问客人："到了吗？"

客人回答："到了。"

乐广抬起麈尾："到达了，然后又去哪儿呢？（若至者，那得去？）"

客人恍然大悟（客乃悟服）。

这则记载于《世说新语·文学》的小故事，就是典型的清谈。

会清谈实在太牛了！

平日无事，魏晋美男们常常聚在一起，他们不谈国事，不言民生，只论经文，吟诗作赋。魏晋多风流名士，尤以"竹林七贤"中嵇康、阮籍为代表，他们喜欢搞些文学沙龙，谈论玄道，交流心得。于是，大家趋之若鹜，争先效仿，一时间，清谈成了一种时髦的活动，无数的文人视之为高雅之事，风流之举。

清谈，有一套既定的规则和方式。

首先，要有双方辩友和论题，借以引起争辩或者讨论，通常辩论的双方分为主客，人数两三人，甚至更多。谈话的席位称为"谈坐"，谈论的术语称为"谈端"，言论时引经据典称作"谈证"，谈论的语言称为"谈锋"。在清谈的过程中，一方针对论题率先提出自己的见解，树立论点，另一方则通过对话，进行"问难"，推翻对方的结论，同时证明自己的理论。在相互论难的过程中，其他人也可以就着讨论主题发表赞成或反对的意见，称为"谈助"。到讨论结束时，或主客双方协调一致，握手言和，或者各执一辞，互不相让，于是有人出来调停，暂时结束谈论，称为"一番"，以后还可能会有"两番"、"三番"，直至得出结论，取胜一方为胜论，失败的一方为败论，和我们如今的辩论倒也有些相似。

清谈的题目特别牛，比如"世界万物生于有，抑或生于无？"

啥啥啥？啥玩意儿？（黑人问号）

听不懂吧?

那就对了!

让你听得懂那还清谈个屁。

一场优秀的清谈，其最基本的要素就是“观点之新异”，要“见人之所未见，言人之所未言，探求义理之精微而达于妙处”。如果说的都是老生常谈，拾人牙慧，没什么新颖的观点，那可没办法吸引别人来看。

除了“观点”的奇特，清谈还需要辩论者有高超的语言技巧。

刘惔和王蒙清谈，清谈结束后，王蒙的儿子问老爹：“你和刘叔谁胜了？”王蒙说：“他的韵音令辞不如我，但往辄破的胜我。”

韵音令辞指的是语言是否优美动听，着重于声调是否抑扬顿挫，是清谈的形式；“往辄破的”说的是理论上能否一发即中，指的是清谈的内容。由此可见，王蒙是把清谈的内容和形式并列起来看待的。

参与清谈的人都觉得自己特牛，听清谈的人都觉得自己特优雅，和咱们现在看热门综艺《奇葩说》的感觉差不多，不过清谈的内容和议题更胜一筹，谈论的内容常常富有哲理、充满智慧，会说得人心服口服，但也有不服气的，比如恒温。

恒温的清谈水平不咋地，但是这人不喜欢认输。

“桓宣武与殷、刘谈，不如甚，唤左右取黄皮袴褶，上马持矟数回，或向刘，或拟殷，意气始得雄王。”(《语林》晋·裴启)

桓温辩论不过人家，就上马拿枪假装要刺人家，来回几次，吓唬到了人家，自己意气风发感觉好像赢了。辩论不过就吓人，这太low了，真的输不起，然而就算这样，人家殷浩也瞧不上桓温，桓温问殷浩：“卿何如我？”殷云：“我与我周旋久，宁作我。”(《世说新语·品藻》)

相反的，殷浩的清谈水平就很高，是东晋著名的清谈大师，从小就熟读《庄子》、《老子》，锻炼得一副好口才，《晋书》夸他“风流雅胜，声盖当时”，绝对是魏晋美男们的好榜样。

曾经王导为他一个人专门召开清谈会，这个会谈论了什么无从得知，只知道相当精彩。

殷浩的水平到底有多高呢？

同样著名的清谈家——谢尚，他跟殷浩辩论，才听了寥寥数语就汗流浃背，倒不是因为天气热，而是实力差距悬殊，有些羞愧。

清谈跟不上对方的节奏是很丢人的，听不懂更是丢人丢到家，因为清谈要求的知识储备和反应力是很高的，但这也不妨碍名士们趋之若鹜，乐此不彼。

如果你穿越回了魏晋，清谈是一定要谈的，三玄务必要看明白，再多去听听别人的辩论，慢慢成长为清谈高手，就能成功混入上流社会了。

比如《世说新语·文学》中谈到，著名的清谈家支道林和王羲之同在会稽，孙兴公跟王羲之说：“支道林的见解拔新领异，胸怀所及，乃自佳，您想见见他吗？”但王羲之很自负，看不起支道林，于是支道林就上门拜访，可是王羲之故意不理他，支道林的心理素质不错，也没发火，就自觉告退了。后来有一次他又遇到了王羲之，就跟他略谈几句，说起《庄子·逍遥游》，支道林“作数千言，才藻新奇，花烂映发”，王羲之听得“披襟解带”，把衣服都脱了个精光，留恋支道林的讲解而不能止。

我不知道支道林究竟说了什么，能让一个成年男子心甘情愿脱衣服，但从此王羲之确实喜欢听支道林讲解，态度也和以前大有不同。这也再次说明会清谈的人在当时很受他人的尊重和欢迎。

此外，清谈还能让你当官。

晋代太尉王戎很欣赏玄学家阮瞻，有一天见到对方，请教说："老子、庄子与孔子有什么相同和差异呢？" 阮瞻回答道："将无同？（恐怕没有什么不同）" 这样的答案要是说给历史老师听，可能会被罚站，可是王戎竟觉得非常有道理，当即征辟阮瞻为属官，说三个字就能当官，简直了！因此世人都称阮瞻为"三语掾"。

但会清谈也不完全就是好事，你侃侃而谈的时候，也要看对象。

比方说王弼，王弼绝对算得上魏晋清谈家排行榜 Top3，水平极其之高。

《世说新语·文学》记载，何晏还是吏部尚书的时候，很有声望，经常在家里举办 party，邀请很多名士一起清谈，还不到二十岁的王弼不请自来，一起听大家的清谈辩论。何晏在这场清谈座谈会上洋洋洒洒讲了很多精妙玄谈，可谓酣畅淋漓，大家也听得如痴如醉，他自己很满意，这场装得很成功。

装成功了就应该赶紧跑啊，可能何晏觉得自己的表现真的太厉害了，就问王弼："此理仆以为极，可得复难不？"

这句话的意思是"我觉得我讲得太牛啦！呵呵，你还能辩驳吗？"

结果王弼也不客气，站起来摆出自己的理论辩驳何晏，大家听了觉得说得比何晏更有道理，何晏也震惊了。

王弼说完了，看大家居然都目瞪口呆也不辩驳自己，只好自娱自乐，自己辩驳自己的观点数个回合。

自己辩驳自己的观点，这招真的牛，如同周伯通的左右互搏之术，看得令人叹为观止。

这么厉害的清谈家，何晏自然要推荐一番，在何晏的举荐下，王弼当上尚书郎，走上仕途。当时曹爽执政，王弼特地去拜访他，曹爽也很重视人才，就单独接见，这是一个多么好的展示自己的机会！是时候展现真正的技术了！

王弼又发挥出自己的专长，说得唾沫横飞，可是曹爽又不是什么名士，只是一介武夫，完全听不懂，等王弼走了以后，曹爽还嗤笑他："说的都是什么狗屁啊！"

可见，清谈的对象也要找得好，不然对牛弹琴，也很是无趣，而且在领导面前不说一些效忠的话，反而说这些玄学，可见王弼虽然清谈厉害，情商却不高。也正因如此，王弼的政治生涯止步于此，没有再多的发展了。

清谈，就是玄学的表现，玄学的玄，就玄在他们研究的课题高深玄远，无关实际，也正因如此，后世评论魏晋清谈，大多摇头："清谈误国。"

那这清谈究竟误国不误国呢？

玄学家们整日探讨三玄，不谈政事，不谈国事，看起来倒真有那么点不务正业的意思，但你要知道，玄学家中也不乏治国理政之才，比如说美男俱乐部"竹林七贤"中的山涛，曾经也是一个清谈的好手，但是后来入了世，历迁吏部尚书、太子少傅、左仆射等要职，任内拔擢了许多贤达，且亲作评论，时称"山公启事"。山涛的政治远见非常高明，在武帝下诏罢除天下兵役时，他认为不应该废除州郡武备，后来天下混乱，州郡无力镇压，果如山涛所言。

可见清谈家也是有治国的伟略，可惜在当时，很难实现自己的抱负。也正因如此，很多有治世之才的能人转而去研究玄学，去清谈，倒也有些无奈在里面，并不是我不想报国，而是报国无门啊！

因此"清谈误国"和"红颜祸水"一样，在笔者看来，大约都只是无稽之谈而已。

不过不管清谈误国不误国，反正这玩意在当时是名士必备技能，你要是不会，那对不起，这魏晋美男你是当不了咯。所以，穿越之前，请务必熟读三玄，穿越过去之后，多看看人家的清谈会。

这招要是学会了，保管你在魏晋横着走，“魏晋美男”这个称谓，自然就胜券在握啦！

06

权力游戏
当不当官，这还真是个问题

文/抹什么茶

如果你成功穿越回魏晋，并且将前文中写的吃喝玩乐指南完全一一照做，再加上你口若悬河的清谈，没准你还真就成了一位与众不同的魏晋美男子。从此你的府邸高朋满座，夜夜笙歌，各路名士都来与你探讨玄学，《世说新语》也有关于你的记载。

这个时候，也许你真的应该想想这个问题——

“要不要搞个一官半职当当？”

自古以来，受儒家的影响，中国人一直都是“学而优则仕”，学习成绩好去考个公务员已经成了中国人普遍的想法，而在魏晋时期，魏晋名士们就有点矛盾了，一方面他们抵触官学，没有强烈的积极入世的观念，但由于中国传统思想的长期影响，各个名士们也不会完全采取老庄的“无为而治”思想。

那到底该怎么选择呢？还真有点儿烦恼呢！

与其如此烦恼，不妨先来看看其他魏晋美男是怎么选择的，参考学习一下其他名士的人生轨迹，也许你就明白你到底应该如何选择了。

谢安一开始的时候，是真的不愿意去做官的。

谢安出生于名门世家，就是咱们一开始强烈推荐投胎的“陈郡谢氏”，可以说这家伙含着金汤匙出生，从小对名、利完全看透了，对当大官什么的，一点兴趣都没有。

谢安四岁的时候就被当时的名士桓彝夸奖了，说这孩子风采神态，清秀明达，将来不输给王承啊！

王承是谁，大名鼎鼎的东晋第一名士啊！

正所谓三岁看老，谢安茁壮成长，随着年龄变大，名气也越来越大，名士王濛及宰相王导都亲口夸奖过，他在上层社会的口碑非常好，大家也都很看好这个少年。朝廷自然也不想人才流失，征召他去当官。

可是谢安统统都拒绝了。

当官是不想的，做生意又不会，只好游山玩水，才能维持得了生活这样子。来会稽东山游玩的感觉就和回家一样，在山上感觉比家里好多了，这里个个都是人才，比如王羲之、许询还有支道林，说话又好听，清谈又厉害，我超喜欢这里der！

朝廷三番两次征召，哪怕诸葛亮也出山了，谢安完全不为所动，朝廷很生气，后果很严重，有些官员心里难受，这小屁孩，老子花了多少钱和精力才当的官，你说拒绝就拒绝，是看不起我们咯！嫉妒使人举报，官员们纷纷要求把这小子终身禁锢。

谢安这个人最大的特点，就是他的心态很好。

《世说新语》里有个故事足以管中窥豹：

有一次谢安和友人们出海，那天风起浪涌，一叶扁舟晃动得厉害，船上的游人乱成一团，唯有谢安淡定地吟诗作对。

这事给当时和谢安一起出游的孙兴公很大的触动，觉得这人真的不寻常，因此，事后多次向朝廷推荐谢安（喂！你这不是添乱嘛！）。

按理说这样游山玩水，继续当个美男子也不是不好。

但是命运的风浪把谢安推到了风口浪尖，让他不得不出山为官。

谢安的弟弟谢万北伐前燕，但是谢万水平低，在行军途中多次做了错误的判断，导致手下溃不成军，铩羽而归，从此被贬为庶人。此事使谢氏的权势受到了很大威胁，谢安此时已经四十多岁了，但是为了家族的荣耀，不得不离开东山，出去当官，这也是"东山再起"成语的由来。

谢安的水平比弟弟就高多了，他先是去桓温的军中当幕僚，很受桓温的器重。桓温有一次去找谢安，谢安整理头发准备出门，但是谢安是个慢性子，左手右手一个慢动作，右手左手慢动作重复，整理了许久，但是桓温一直耐心等待，并没有生气或者催促。

在桓温军中呆了一年，谢安就离开了，转而来到建安，辅佐皇室。

当时桓温的势力已经非常之大，废了当时的海西公司马奕，立司马昱为皇帝，名为皇帝，实为傀儡，这皇帝当得很窝囊，因此八个月后就因为忧愤而驾崩了。桓温得知皇上驾崩，赶紧率军入京，但是谢安已经立了年幼的司马曜为帝，桓温气得跳脚却又无济于事，在新亭命令刀斧手埋伏，谢安和百官相迎，都知道九死一生。大家汗流浃背，紧张兮兮，唯有谢安神色不变，淡定入座，还微笑着说："您何必还需要在墙后安排人呀？"搞得桓温倒有些不好意思了。

后来桓温病逝，谢安和王坦之用心辅佐王室，帮助东晋赢得了淝水之战的胜利。

淝水之战那天，前线战火不断，可谢安依然淡定地下棋，捷报到了谢安的手里以后，谢安还是很淡定，看了一眼，然后说："哦，赢了啊。"然后就把捷报放在一边，继续下棋了。

这也太淡定了，简直就是魏晋淡定哥啊！

淝水之战让谢安和谢氏家族的声望达到了巅峰，但太高的声望给谢安带来的不是更高的地位，反而因为谗言，使得皇帝愈发害怕，谢氏成了朝廷的眼中钉，肉中刺。无奈之下，谢安只好交出权力，出镇广陵，不久病逝。

谢安的经历告诉我们，魏晋的官没那么好当的，位极人臣往往意味着摔得更惨啊！

不知道谢安最后是否会想起那段游山玩水的逍遥日子，不知道是否会后悔自己最后入世的选择。

我们不妨来思考个问题，如果谢安就是不去当官会怎么样呢？

嵇康也许就是例子。

嵇康和谢安一样，都是不想当官的。

只不过谢安最后还是东山再起，可嵇康始终不愿入世。

司马集团的钟会来找嵇康论道的时候，嵇康正在打铁，一言不发，连头都不肯抬起来。而给嵇康拉风箱的是同样有名的哲学家向秀。钟会当时带着一大群的社会名流，坐着豪华马车而来，人们前呼后拥熙熙攘攘挤在嵇康家门口。

可嵇康和向秀依然一言不发地打铁。

这让钟会很失望，败兴而归。

但嵇康的不合作已经不是第一次了，同样是竹林七贤的山涛入世，将要离开吏部之职的时候，邀请嵇康取代自己的位置。

这换成你我可能都是天大的好事。什么，不用参加公务员笔试就能当官？天上掉馅饼吗？

可是嵇康的反应就出乎大家的意料了，他洋洋洒洒写了一千七百多字的绝交书送给山涛。

这绝交书其实不是给山涛看的，而是给司马集团看的，具体表达了两种意思：

一是我和山涛绝交了，我所做的出格的事情都与他无关；

二是想让我当官？下辈子吧！

嵇康比叶良辰还要嚣张，这样的日子自然不会安稳，司马集团不愿意让这条卧龙继续留在民间，要么辅佐我，要么就去死。

这时候正好发生一桩案件，嵇康的朋友吕安的妻子被玷污，却被对方恶人先告状。嵇康见状，自动挺身，证明吕安的清白，挺身而出仗义执言，却没有能帮助对方洗刷冤屈，反而双双锒铛入狱。

这正应了当初孙登的预言。

曾经嵇康想向孙登学习，孙登告诉他“君才则高矣，保身之道不足”，意思是说嵇康的才学已经非常高了，可惜保身之道不足。

没有保身之道的嵇康，很快就迎来了自己的死亡。

司马集团找了个罪名将嵇康处死。

行刑前，嵇康很平静，他说：“以前有人要跟我学《广陵散》，我没有教他，看来这首曲子要成为绝唱了。”

嵇康从容就戮。

嵇康的死，给归隐的名士们造成了极大的震撼，那个拉风箱的向秀在嵇康死后忙不迭地投靠了司马昭。司马昭讥讽他：“哟，你不是羡慕尧舜时期的隐士吗？怎么还是来投靠我了？”

向秀唯唯诺诺：“他们不值得羡慕。”

司马昭呵呵一笑。

哇，你看到了吗?

身有才华又不做官，居然会冤死掉!

当官吧，做得太出色就会被针对。

不当官吧，居然会被莫须有的罪名杀死。

时局动荡，战乱不断，官场险恶，世道黑暗。

这个世界套路太深了!

怎么样才能又不做官，又可以保全性命呢?

陶渊明等人给出了第三个答案：

归隐。

陶渊明看不下去官场的黑暗，不愿为五斗米折腰，毅然决然辞职，从此过着采菊东篱下悠然见南山的生活；再比如善于长啸的道士孙登，超凡脱俗，不与世争；还有割席绝交的管宁，拒绝了辽东太守送的别墅，在深山野林里生活了三十多年。

但你可别觉得隐居的名士都真的是不喜欢当官，有部分名士所谓的寄情山水，也不过只是拿山水当道具而已。

比如《世说新语·栖逸》说许玄度隐居在会稽的一个山洞中，常常引来王侯们的馈赠。什么?隐居还有礼物拿?这似乎不像隐居，更像一场真人秀、模仿秀。郗超每闻欲隐退者，就给他们造大房子，还筹备百万资，看到这估计你都震惊了，说好的隐居呢?说好的粗茶淡饭呢?怎么不仅有地方住，还有工资拿，这跟现代社会理想中的工作——躺着数钱不是一模一样的吗，该不会隐士是魏晋时期的新兴暴利职业吧!

后世唐朝有一个成语，叫做“终南捷径”，说的是一位叫卢藏用的书生，科举没考上，但又想入朝为官，那能怎么办呢?这小子有头脑，特意跑去终南山隐居，大家一看，哇，隐士!肯定很厉害吧!

你别说，这小子最后还真的就得了官职。

得了官职以后，他还劝其他的人快去终南山隐居，别人听完了大笑："终南山可真是通向官场的便捷之道啊！"

这就是"终南捷径"的由来，意思就是假意隐居反而是做官的捷径。

想来这个世界真的是一个虚伪而又矛盾的世界啊！

有些人隐居是不想当官，或者发自内心热爱山水，有些人隐居却是想走"终南捷径"，想毫不费力地做大官。

当你穿越回魏晋，成为当地著名美男以后，到底是逆流而上，出淤泥而不染；还是不与世争，在乡间小巷做一个安安静静的美男子，这一切的决定权都在你自己啦！

不管你怎么样选择，本书都希望你能茁壮成长，在《世说新语》里留下你光辉的一笔呀！

全书完

总 经 理 | 常蓦尘

总 编 辑 | 熊 嵩

执行总编 | 罗晓琴

执行策划 | 郭 昕

装帧设计 | 赵一麟 汪芝灵

插图绘画 | 九千坊

设计总监 | 李 婕

产品经理 | 郭 昕

运营总监 | 蒋 雷

印 务 | 谭坤杰

流程校对 | 邓玉玮 汤诗蕊 龚如梦 夏金玲 胡丽云 刘 宇 唐钰颖

宣传营销 | 蒋 惊

总出品 漫娱图书

图书在版编目(CIP)数据

魏晋有美男／古人很潮 著.—武汉：长江出版社，2017.11

ISBN 978-7-5492-5470-5

Ⅰ.①魏… Ⅱ.①古… Ⅲ.①中国历史-魏晋南北朝时代-通俗读物 Ⅳ.①K235.09

中国版本图书馆CIP数据核字(2017)第275460号

魏晋有美男 / 古人很潮 著

出　　版　长江出版社
（武汉市解放大道1863号　邮政编码：430010）
市场发行　长江出版社发行部
网　　址　http://www.cjpress.com.cn
责任编辑　张艳艳
特约编辑　郭　昕　龚如梦　陈雪琰
装帧设计　赵一麟　汪芝灵
印　　刷　武汉鸿印社科技有限公司
版　　次　2017年11月第1版
印　　次　2024年04月第27次印刷
开　　本　880mm×1230mm
印　　张　7.5
字　　数　169千字
书　　号　ISBN 978-7-5492-5470-5
定　　价　35.00元

电话：027-82926557(总编室)　027-82926806(市场营销部)